Liebe zeigt sich in allem

Barbara Kress

# Liebe zeigt sich in allem

Menschen erzählen
von Anfang und Abschied im Leben

Patmos Verlag

**VERLAGSGRUPPE PATMOS**

PATMOS
ESCHBACH
GRÜNEWALD
THORBECKE
SCHWABEN

Die Verlagsgruppe
mit Sinn für das Leben

MIX
Papier aus verantwortungsvollen Quellen
FSC® C089473
FSC
www.fsc.org

Für die Schwabenverlag AG ist Nachhaltigkeit ein wichtiger Maßstab ihres Handelns. Wir achten daher auf den Einsatz umweltschonender Ressourcen und Materialien.


www.patmos.de

Umschlaggestaltung: Finken & Bumiller, Stuttgart
Fotografien: Sabine Große, außer: S. 92: Rolf Knabenschuh, S. 147: Christina Parusel, S. 153: Jana Hartmann, S. 155: privat
Gestaltung und Repro: Schwabenverlag AG, Ostfildern
Druck: Beltz Bad Langensalza GmbH, Bad Langensalza
Hergestellt in Deutschland
ISBN 978-3-8436-0708-7

# Inhalt

**Für Ursa Paul**

**Was ist Liebe?**

*Was ist Liebe*
*Das Mysterium des Lebens*
*Die Geburt des Kindes*

*Was ist Liebe*
*Die Suche nach Gott*
*Das Verstehen der Natur*
*Das Mitgefühl zum Menschen*

*Liebe zeigt sich in allem*
*Wenn du bereit bist,*
*Sie in allem zu sehen*

*Was ist Liebe*
*Das Loslassen der Angst*
*Das Annehmen des Lebens*
*Das Annehmen des Todes*

*Was ist Liebe*
*Das Glücklichsein*
*Die Vereinigung zweier Menschen*

*Liebe zeigt sich in allem*
*Wenn du bereit bist,*
*Sie in allem zu sehen*

Ursa Paul

# Einleitung

Vor 26 Jahren hatte Ursa Paul, die Begründerin des Heilhauses in Kassel, einen Traum:

*„Ich gehe einen breiten Weg entlang und in der Ferne sehe ich ein gläsernes Haus. Ich komme langsam näher und sehe, dass in der Mitte dieses Hauses ein riesiger Baum steht, der das Haus ausfüllt. Ich denke im Traum: Das ist der Lebensbaum. Ich trete in das Haus ein und höre Kindergeschrei, rufende, schreiende Babys.*
*Ich gehe die Treppe zum ersten Stock hoch und sehe lachende, tanzende Menschen. Ich gehe weiter in den nächsten Stock und sehe kranke und sterbende Menschen.*
*Ich werde wach und weiß, dass ich diesen Traum Wirklichkeit werden lassen muss, soweit ich das erfüllen kann in meinem Leben."*

Einen Traum haben, eine Vision darin entdecken und sie gemeinsam mit anderen Menschen verwirklichen – auf diese Weise ist das Heilhaus im Kasseler Stadtteil Rothenditmold entstanden. 1989 rief Ursa Paul gemeinsam mit 21 Gründungsmitgliedern den Verein „Freundeskreis für Lebensenergie e.V." ins Leben. Damit war eine Gemeinschaft initiiert, die die Arbeit des Heilhauses trägt. Der Verein hat mittlerweile über 800 Mitglieder in Deutschland, Österreich und in der Schweiz. In den 25 Jahren seit seiner Gründung hat das Heilhaus – ursprünglich „Zentrum für Lebensenergie" – seine Arbeit stetig erweitert. Täglich gibt es dort kreative, gesundheitsfördernde, therapeutische und medizinische Angebote. Entstanden ist das KinderHeilhaus, wo nicht nur gesunde Kinder zur Welt kommen, sondern ein Schwerpunkt in der Begleitung von Paaren liegt, die ein Kind während der Schwangerschaft oder kurz nach der Geburt verlieren. Es wurde die „Heilende Pflege" aufgebaut, und es werden kranke Menschen und deren Angehörige im Sterbeprozess und in der Trauer begleitet. Um Leben, Wohnen und Arbeit an einem Ort zu vereinen, entstand eine Siedlung in unmittelbarer Nähe zum Heilhaus, in der mittlerweile 130 Menschen leben. Im Herbst 2013 wurde schließlich mit dem Bau des Hauses der Mitte als Erweiterung des Heilhauses begonnen, in dem unter anderem das erste Mehrgenerationenhospiz Deutschlands unter der Schirmherrschaft von Bundesministerin Ursula von der Leyen entsteht. Schritt für Schritt wird so ein Ort geschaffen, an dem der Kreislauf von Geburt, Leben und Sterben gemeinsam im Alltag gelebt wird.

Die vorliegende Sammlung an Geschichten und Berichten gibt einen lebendigen Einblick, wie sich die Idee eines heilenden Hauses in Ausschnitten des Lebens unterschiedlicher Menschen zeigt. Die Menschen, die hier zu Wort kommen, stehen der Heilhausbewegung näher oder ferner, sie sind Mitglieder des Vereins „Freundeskreis für Lebensenergie e.V." oder auch nicht, sie sind beruflich mit dem Heilhaus verbunden oder sie nehmen ein Angebot des Heilhauses in Anspruch, wie beispielsweise die Begleitung bei der Geburt eines Kindes oder die Pflege von Kranken und Sterbenden, sie leben in der Heilhaussiedlung oder sie nutzen die Möglichkeit des Betreuten Wohnens.

So unterschiedlich die Menschen und ihre Erfahrungen auch sind, es eint sie, dass sie für einen Moment oder für längere Zeit, bewusst oder unbewusst eingetaucht sind in die Vision

von der Einheit von Geburt, Leben und Sterben, und dass sie sich haben berühren lassen und dies als Gewinn für ihr Leben betrachten.
Sie sprechen über das Glück, in der intimen Atmosphäre des KinderHeilhauses, getragen von professioneller Kompetenz und menschlicher Zuwendung, sowie geborgen in einer fürsorglichen Gemeinschaft, ein Kind auf dieser Welt begrüßen zu dürfen. Oder – wenn das Baby nicht zum Leben geboren ist – zu erleben, dass das bewusste Durchwandern und Annehmen des Schmerzes auch eine Art von Glück bedeuten kann.
Sie berichten über ihre Suche nach Zugehörigkeit, nach Heimat und einem Ort, wo Mitmenschlichkeit, Achtsamkeit und Respekt täglich gelebt werden – oder zumindest darum gerungen wird. Sie schildern die Gemeinschaft als Weg der eigenen spirituellen Suche, des Lernens und der Heilung. Die Erfahrung lehrt sie, dass es die Gemeinschaft braucht, um gebrechlichen, kranken Menschen ein hohes Maß an Selbstständigkeit und Selbstbestimmung zu ermöglichen.
Andere schließlich sprechen darüber, wie es gelingen kann, in der Ausnahmesituation des Krankseins und Sterbens dem Leben ein Stück Normalität und Würde zu geben. Wie Geborgenheit und das Angenommensein in Liebe das Sterben erleichtern können.
Alle diese Erfahrungen passieren unter einem Dach. Die Idee des heilenden Hauses trennt die Lebensphasen nicht wie sonst in unserer Gesellschaft üblich, sondern führt sie zusammen, um zu einer Ganzheitlichkeit des Lebens zurückzukehren. Geburt, Leben und Sterben beschreiben den Ur-Rhythmus des Lebens – die Natur zeigt uns dies im Wechsel von Tag und Nacht, im Lauf der Jahreszeiten. Wenn wir uns diesen Rhythmus bewusst machen, heißt das nicht nur anzunehmen, dass wir früher oder später sterben werden, sondern auch, dass wir

uns immer wieder verändern können, indem wir Altes, Überkommenes sterben lassen, damit Neues entstehen kann.
Die Erfahrungen sind getragen und eingebettet in eine Gemeinschaft von Menschen, die sich dem Heilhaus zugehörig fühlen und die versuchen, in einer modernen Form alte, urchristliche Werte wie Nächstenliebe, Mitgefühl und dienendes Dasein für andere Menschen im Alltäglichen zu leben. In einer zutiefst menschlichen Haltung geht es um Miteinander, Zueinander und Füreinander, um Nützlichkeit in der Verantwortung für die Gesellschaft und die Welt. So schaffen sie einen Lebensraum, in dem Behinderung, seelische Krisen, Pflegebedürftigkeit oder das Sterben eines Menschen ebenso integriert sind wie die Geburt eines Kindes.
Die Gemeinschaft selbst verbindet der Glaube an eine Kraft, die größer ist als wir selbst und die alles Leben bewegt: Liebe, Schöpfungskraft, Gott – es gibt unterschiedliche Worte dafür. Wir finden diese Kraft in der Natur, in der Begegnung mit anderen Menschen, in uns selbst – in dem Bewusstsein, dass Licht und Schatten zum Leben gehören und beides wichtige Aspekte auf unserem Heilungsweg sind. Die Menschen, die von außen ins Heilhaus kommen, beschreiben diese Kraft und das Kraftfeld, das dort aufgebaut ist, ganz ähnlich: der richtige Ort zur richtigen Zeit, ein Platz, der Urvertrauen vermittelt, ein sicherer Hafen.

# Heilhausgeschichten

# Eintauchen in völliges Urvertrauen

*Nadin Pletz und Damai Dewert wagten eine außerklinische Geburt.*

Dass sie ihr erstes Kind im Krankenhaus zur Welt bringen würden, stand für Nadin Pletz und Damai Dewert völlig außerfrage. Was bei einer Geburt alles passieren könne – da wollten die promovierte Naturwissenschaftlerin und der Journalist und Sicherheitsfanatiker die Vollversorgung einer Klinik auf keinen Fall missen. Erst das hartnäckige Nachfragen einer guten Freundin, die selbst Hebamme ist und ihr Kind zu Hause bekommen hatte, brachte die beiden auf die Idee, dass es auch anders gehen könnte.

Vielleicht war es die völlig unkomplizierte Schwangerschaft ohne Übelkeit, ohne Müdigkeit, mit sportlichen Aktivitäten und Konzertbesuchen bis zuletzt, vielleicht auch einfach, weil Nadin auf ihre Freunde hört – jedenfalls schaute sie sich die verschiedenen Möglichkeiten in Kassel an, wo eine außerklinische Geburt möglich ist: das Geburtshaus und das KinderHeilhaus – obwohl ihr das Heilhaus schon reichlich suspekt war, „so anthroposophisch, lauter Hippies und Esos" – das war ihr Bild. Damai kannte das Heilhaus aus seiner Arbeit und fand gut, was er darüber wusste, aber der Platz sollte ja vor allem für Nadin stimmen. Sie war ja diejenige, die sich während der Geburt sicher und aufgehoben fühlen musste.

Im Geburtshaus, das gleich gegenüber ihrer Wohnung liegt und wo jedes Jahr zahlreiche Kinder auf die Welt kommen, will bei ihr der Funke nicht überspringen. Einige Tage später, beim Termin im KinderHeilhaus, merkt sie nach kurzer Zeit, dass sie mit der Hebamme auf einer Wellenlänge ist. „Karin hat mich überzeugt. Wenn ich schon nicht ins Krankenhaus gehe, dann sollte sie dabei sein. Allen Vorurteilen zum Trotz", erinnert sich Nadin.

Damais Fokus liegt ganz klar auf einer möglichst risikoarmen Geburt, auf dem Wohl von Mutter und Kind. „Als Mann bist du doch nur Beifahrer, wenn es losgeht, bist hilflos, weil du gar nicht fühlst, was da drin passiert. Deshalb spürte ich wahrscheinlich auch die größere Verunsicherung." Doch in den vorbereitenden Gesprächen holt ihn „ihre" Hebamme, Karin Flachmeyer, immer wieder genau dort ab: bei seinen Sorgen, Ängsten und Nöten. „Entscheidend ist, dass die Chemie zwischen Hebamme und Eltern stimmt. Der größte Vorteil im KinderHeilhaus aber ist die 1:1-Betreuung durch die Hebamme, die auch bei der Geburt dabei ist", findet Damai. In den Gesprächen lernt man sich kennen, die Hebamme bekommt eine Vorstellung, wie sich die werdenden Eltern während der Geburt verhalten könnten, es entsteht tiefes Vertrauen, ein Gefühl von Sicherheit und des Geborgenseins. Und immer, immer bleibt die Option, doch noch ins Krankenhaus zu gehen, wenn sie unsicher werden oder Angst bekommen.

Als es dann tatsächlich losgeht – nach einem langen Tag leichter Wehen, die Fruchtblase ist schon geplatzt, er kommt spät von der Arbeit – wollen sie nur noch ins Heilhaus. „Es war wie nach Hause kommen, der vertraute und geschützte Ort, an dem die Geburt funktionieren würde." Es wird dann doch noch einigermaßen dramatisch, wie sich Damai erinnert. „Nadin hatte heftigste Wehen, ihre Augen flackerten, ich dachte, sie fällt gleich in Ohnmacht. Karin meinte zwar, dass gebärende Frauen nicht das Bewusstsein verlieren, aber sie war sich nicht sicher, ob Nadin durchhält, wenn die Wehen noch lange so stark sind." Denn der Muttermund öffnet sich nur im Schneckentempo. Nadin Pletz keucht und flucht: „Ich sollte die Wehen begrüßen, aber wer will solche unglaublichen Schmerzen schon haben?" – Sie schluckt widerstandslos homöopathische Kügelchen – „Ich halte normalerweise überhaupt nichts davon!" – und gleitet in die große Geburtsbadewanne, die Karin mittlerweile eingelassen hat, auch wenn sie sich eine Wassergeburt nicht so recht vorstellen kann.

Damai kann nicht wirklich helfen, er fühlt sich wie ein wissenschaftlicher Beobachter, der die Schwingungen im Raum erspürt, Nadins und Karins Verhalten studiert. Nach einer Stunde im warmen Wasser ist der Muttermund endlich auf. „Als die Presswehen anfingen, änderte sich die Stimmung im Raum. Nadin war plötzlich ganz klar, lag in meinen Armen in der Wanne." Nach wenigen Presswehen können sie bereits das Köpfchen ertasten – es ist für Damai bis heute das Schönste, wenn er das Köpfchen seiner Tochter Penelope streichelt. Nach nur einer halben Stunde und einer letzten mächtigen Wehe gleitet das kleine Mädchen in die Wanne. „Sie entfaltete ihre Ärmchen, schwamm ein bisschen, drehte sich auf den Rücken und schaute uns mit ihren großen Augen an, so sauber, ganz rosig, ganz natürlich, als würde sie ins Wasser gehören – nur begrenzt durch die Nabelschnur. Das ist ein unvergesslicher Moment, sie, in der dunklen Wanne, wie ein Astronaut im Weltall."

Irgendwann legt Karin das Baby in die Arme der Mutter, die Kleine schreit ein bisschen, niest, – es ist alles, wie es sein soll. Damai durchtrennt die Nabelschnur, bekommt sein Töchterchen selbst in die Arme gelegt, damit seine erschöpfte Frau aus der Wanne klettern kann, um sich ins große Bett zu legen. Auch die Nachgeburt kommt ohne Probleme, nichts ist gerissen – eine Bilderbuchgeburt. Im Hintergrund herrscht entspannte Betriebsamkeit, es wird alles gemacht, was notwendig ist. „Das Licht war gedämpft, die Atmosphäre vertraut – so konnte ich mich ganz entspannen, trotz der ungewohnten Situation, obwohl ich immer noch nackt unter teilweise fremden Menschen war. Ich fühlte mich ganz geborgen und sicher und konnte es einfach genießen, dass Penelope da war“, erinnert sich Nadin.

Sie bleiben dann auch die erste Nacht im KinderHeilhaus, wissend, dass alles gut ist: Das Kindchen ist richtig eingepackt, sie können nichts falsch machen. Am nächsten Morgen kommt Karin mit Brötchen und Blumen, und während des gemeinsamen Frühstücks besprechen sie in Ruhe alles Notwendige.

„Für uns hat das ganze Programm Heilhaus gestimmt. Wir wurden total freundlich empfangen, mit allen unseren Meinungen, Vorbehalten, Gefühlen, Misstrauen“, sagt Nadin. „Der geschützte Raum, die Infrastruktur, alles ist vorbereitet – vielleicht war ich deshalb so entspannt, und vielleicht ist deshalb auch unsere Tochter so tiefenentspannt – während der Geburt und jetzt bei uns.“ „Ich hatte immer ein Gefühl von völligem Urvertrauen. Nur so konnte ich mich ganz in die Geburt fallen lassen.“ „Dieses Gefühl hat vieles erst so schön werden lassen, wie es war“, ergänzt ihr Mann. Über die Geburt fühlen sie sich als Teil der Gemeinschaft und Nadin nimmt gern weitere Angebote in Anspruch: den Stillkurs, PEKiP, das Mittagessen. Penelope soll auch in den Heilhaus-Kindergarten gehen. „Es fühlt sich richtig an“, berichtet Damai vom ersten Infoabend für die Krabbelgruppe. „Da waren vier Erzieherinnen und jeder von ihnen hätte ich sofort mein Kind anvertraut. Da sind die richtigen Menschen am richtigen Ort, die das Richtige tun.“

*Erst im Nachhinein haben Nadin und Damai festgestellt, wie besonders es ist, dass sie nicht im Krankenhaus entbunden haben. „Die Ärzte im Krankenhaus behandeln uns, als seien wir von einem anderen Stern", berichten sie. „Außerklinische Geburten sind in unserem Gesundheitssystem quasi nicht vorgesehen." Das zeigt sich unter anderem daran, wie schwierig es ist, für Penelope einen Termin zum Neugeborenen-Hörscreening zu bekommen. Das wird normalerweise bei der U2 im Krankenhaus gemacht. Bei Babys, die nicht im Krankenhaus geboren werden, weiß auch die Krankenkasse keinen Rat.*

# Hier kann ich sein, so wie ich bin

*Simone und Gordon Bollerhey haben drei Kinder im KinderHeilhaus zur Welt gebracht.*

Es war ein Tipp ihrer Frauenärztin, Kontakt mit den Hebammen im Heilhaus aufzunehmen. Damals waren sie noch Beleghebammen im Diakonissenkrankenhaus – also feste Bezugsperson für werdende Eltern. Das hatten sich Simone und Gordon in der ersten Schwangerschaft gewünscht, eine Vertraute, die nicht bei Schichtwechsel geht. Aber es wuchs nicht nur das Vertrauen zur begleitenden Hebamme Dorothee Stephan, sondern auch das in den eigenen Körper. Nach einer leichten und unkomplizierten Schwangerschaft war es naheliegend, auch den nächsten Schritt in der inzwischen vertrauten Umgebung zu gehen und im KinderHeilhaus zu gebären.
Natürlich musste der Entschluss erst reifen: im Geburtsvorbereitungskurs und in Gesprächen mit anderen Frauen im Kurs „Begegnung – Entspannung“. Manche von ihnen hatten dort bereits Kinder zur Welt gebracht und berichteten von ihren Erfahrungen. Schließlich waren Simone und Gordon neugierig geworden und baten ihre Hebamme, ihnen doch die Räume zu zeigen. Das Erste, was Simone im KinderHeilhaus sah, war die Tür zum Abschiedsraum. Beeindruckend fand sie das, berührend, dass auch daran gedacht wird. Simone hatte selbst zwei Fehlgeburten gehabt und war sehr mitgenommen davon, ohne Ort zum Trauern.
Die Geburt ihres ersten Kindes ist dann doch „intensiv“, wie

sich Simone erinnert. Sechs, sieben Stunden liegt sie bereits in Wehen, das Bad in der Geburtswanne im Wasserraum bringt keine Entspannung, es geht nichts voran. Dass die Herztöne des Babys immer wieder schlecht werden, bekommt sie gar nicht mit – „es war so eine gelassene Ruhe im Raum". Gordon will seine Frau nicht beunruhigen und überspielt seine Sorgen mit einem Lächeln. Dorothee bittet schließlich Ursa Paul, zu kommen. „Ich kannte Ursa Paul gar nicht. Sie fragte mich, ob ich das Kind hier bekommen wollte. Ja, klar. Dann legte sie mir ihre Hände auf den Kopf und auf den Bauch – und keine zehn Minuten und einige Presswehen später war das Baby da. Janis hatte sich selbst umarmt – das macht es schwer, durch den Geburtskanal zu kommen."

Nach der Geburt ist Simone unglaublich fit, kein bisschen müde, „die ganze Woche noch zehrte ich von dieser Wahnsinns-Energie. Und die Geburtsverletzungen heilten völlig problemlos." Vier Tage bleiben sie noch im KinderHeilhaus, genießen das neue Dasein als kleine Familie, lassen sich verwöhnen. „Alle haben sich so gefreut über den neuen Erdenbürger und hießen uns herzlich willkommen." In der Nachsorge kümmert sich Dorothee nicht nur um Mutter und Kind, sondern bezieht auch den Vater und dessen Geburtstrauma mit ein. „Ich war selbst an meine Grenzen gekommen, als die Herztöne so schlecht waren. Damit nicht alleingelassen zu sein, tat mir gut", berichtet Gordon.

Die beiden Geburten von Ole, vier Jahre später, und Ida, im März 2014, sind dagegen einfach, vor allem zügig. Ole wird in der Geburtswanne geboren, bei Ida läuft das Wasser noch ein, als sie nach nur 70 Minuten auf die Welt drängt. Simone steht die ganze Zeit über an eine Säule gelehnt, kann gar nicht fort von da, bis das kleine Mädchen in die schützenden Hände der Hebamme purzelt. Ein bisschen ängstlich sind Simone und

Gordon jedes Mal, ob sie den weiten Weg – mindestens 30 Minuten mit dem Auto – von zu Hause bis nach Kassel schaffen würden. „Und jedes Mal, wenn ich dort ankam, spürte ich, dass ich den vertrauten Ort brauchte, damit ich loslassen kann. Für mich war ganz klar: Hier kann ich sein, so wie ich bin."

Mit jeder Geburt und über die Jahre lernen sie Neues kennen. Die Meditationspaten zum Beispiel: Menschen, die während der Geburt für ein gutes Gelingen meditieren. „Ich finde das eine wunderschöne Idee, dass jemand zusätzlich Beistand leistet und alles gibt, was er geben kann", findet Gordon. „Und wenn wir später einen der Paten getroffen haben, hatte ich immer wieder das Gefühl, da gibt es eine besondere Verbindung." Oder die Sache mit dem Segen: Bei jedem Kind sprechen die Hebammen einen alten hebräischen oder irischen Segen, um die Kinder willkommen zu heißen. „Es war für mich erst unvorstellbar, dass jemand unabhängig von der Kirche meine Kinder segnen könnte – und dann fand ich es großartig", erinnert sich Simone. Zumal die Kinder später selbst entscheiden sollen, ob und welcher Kirche sie beitreten wollen. Oder das Ritual für Ida: Die Kleine weint so viel nach der Geburt und im Nachspüren wird deutlich, dass Ida noch gar nicht wirklich auf der Erde angekommen ist. Eine Woche nach Idas Geburt, pünktlich zum Frühlingsanfang an einem sonnigen Tag, gestaltet die Familie im eigenen Garten eine kleine rituelle Handlung, um dem Schwesterchen mehr Erdung zu geben: Gebettet auf rote Tücher (Dunkelrot ist die Farbe des ersten Chakras, über das Erdung geschieht), umrahmt von Steinchen, Ästen und Blumen, schlummert Ida auf der Wiese. Die Eltern und die beiden Brüder begrüßen die Kleine auf der Erde, singen ihr ein Frühlingslied, entzünden eine Kerze. Für Simone fühlt sich das an wie eine zweite Geburt, die Jungs machen begeistert mit und Ida scheint seither mehr Bodenhaftung zu haben. Gordon resümiert: „In dem Ritual wurde mir deutlich, dass es mehr gibt, als die Wissenschaft vermittelt, Bereiche, die nicht so leicht zu fassen sind. Und es braucht jemanden, der einen anleitet, Bewusstsein schafft."

„Sowohl Dorothee als auch Karin Flachmeyer, die uns bei Ole und Ida begleiteten, sprechen oft Dinge so klar aus, die in mir arbeiten, die ich aber selbst noch gar nicht in Worte fassen kann." So geht es Simone auch bei der diffusen Traurigkeit, die sie nach den Geburten von Janis und Ole plötzlich heimsucht. Erst als die Hebammen sie darauf ansprechen, dass sie so traurig aussehe, fließen die Tränen und Simone wird sich bewusst, wie groß der Schmerz noch ist über die beiden Kinder, die sie zuvor verloren hatte. „Manchmal denke ich, ich musste auch deswegen ins Heilhaus kommen, um die Fehlgeburten verarbeiten zu können."

Wohltuend und stärkend empfinden sie auch die Nährsystemarbeit[1], eine Energiearbeit, die im Heilhaus angeboten wird. Es sei wie Auftanken, sagt Simone. „Aber nicht nur körperlich, auch gedanklich verändert sich etwas in mir, wenn ich daliege und einfach loslasse. Ich nehme mich selbst anders wahr und aus den anschließenden Gesprächen habe ich schon viele Anregungen mitgenommen, wie ich mich selbst besser in Balance halten kann." Vor den Geburten von Ole und Ida gönnen sie sich ein Paarnährsystem, werden also von zwei Menschen synchron behandelt, „um uns einzustimmen, nur wir beide, uns

1 Verschiedene alte Heilsysteme sind in der Nährsystemarbeit nach Ursa Paul® weiterentwickelt und mit der Balancierung des feinstofflichen Körpers (Aura) und der Energiezentren im Körper (Chakren) sowie der Entfaltung des Bewusstseins zusammengeführt. Nährsystemarbeit ist heilende Arbeit an Körper, Geist und Seele.

zu konzentrieren auf die besondere Zeit und auf das, was auf uns zukommt". Und weil mit Ida die Familienplanung abgeschlossen ist, könnte sich Simone auch eine Paarbehandlung ohne dicken Bauch vorstellen – „nur für Gordon und mich".

# Geboren im Zeichen des Regenbogens

*Ulrike Kahl gebar im KinderHeilhaus ihr drittes Kind – und sich selbst.*

Wenn Ulrike von der Geburt ihrer Tochter Luca im KinderHeilhaus erzählt, strahlt sie vor Freude und Glück. Zum einen, natürlich, weil sie an jenem 8. Juli 2008 ihrer dritten Tochter das Leben geschenkt hat. Aber auch, weil die Geburt für sie selbst ein wichtiger Schritt auf ihrem spirituellen Weg war. Und nach diesen Tagen im Heilhaus, und dem Eintauchen in die Gemeinschaft dort, war die Anziehung dieses Ortes für Ulrike und ihren Mann Jörg so groß, dass sie wenige Monate später von Leipzig nach Kassel gezogen sind, um stärker eingebunden zu sein in die Vision des heilenden Hauses.
Dass das dritte Kind ausgerechnet im KinderHeilhaus zur Welt kommen sollte, war eine ganz bewusste Entscheidung – oder zunächst ein großer Wunsch – von Ulrike und Jörg. Die kleine Familie wohnte gerade ein Jahr in Leipzig, hatte dort das zur Heilhausbewegung gehörende „Forum für Lebensenergie" mitbegründet. In Kassel war Ulrike bis dahin nur selten gewesen, obwohl sie schon seit Mitte der Neunzigerjahre Schülerin von Ursa Paul war, doch ihre Ausbildungsgruppe fand meistens in Berlin statt und zu Meditationszeiten oder Workshops fuhr sie ins Osterberg Institut nach Schleswig-Holstein.
Nun war Ulrike mit dem dritten Kind schwanger und gleich

zweimal kurz hintereinander in Kassel. Beide Male lief sie immer wieder den Hebammen des KinderHeilhauses über den Weg. „Obwohl ich es nicht selbst erlebt hatte, war ich schon damals fest davon überzeugt, dass für mich das Heilhaus der beste Platz ist, um ein Kind zu bekommen", erinnert sich Ulrike. „Ich wusste nur nicht, wie das gehen sollte, weil wir doch in Leipzig wohnten." Für die Hebammen war das kein Problem – „das kriegen wir schon hin". Einziges Risiko: Falls es das Baby sehr eilig hätte, könnte es eventuell der Vater nicht rechtzeitig zur Geburt schaffen.
Drei Wochen vor dem errechneten Geburtstermin kommt Ulrike schließlich nach Kassel, wohnt bei einer Freundin in der Heilhaussiedlung und genießt es, nicht nur Zeit für sich zu haben, sondern auch in das gemeinschaftliche Leben einzutauchen. Obwohl sie damals nur wenige Menschen in Kassel kennt, erkundigen sich viele, wie es ihr geht. Der riesige Bauch ist nicht zu übersehen. Ulrike fragt nach kleinen Arbeiten, die sie für die Gemeinschaft tun kann: „Es hat mir totale Freude gemacht, eine Aufgabe zu haben, hilfreich zu sein. Da habe ich zum ersten Mal verstanden, was es heißt, alltägliche Arbeiten als spirituelle Praxis zu begreifen."
Nach einer guten Woche ist es dann aber so weit. Mitten in der Nacht hat Ulrike einen Blasensprung, die Geburt beginnt. Jörg trägt zu Hause in Leipzig die beiden älteren Mädchen ins Auto und fährt mit ihnen nach Kassel. Am frühen Morgen kommt er an – da hat sich bei Ulrike noch wenig getan. Es bleibt Zeit zum Ausruhen, Ulrike spielt mit den beiden Großen, bis sie zu den Ferienspielen gehen können und damit tagsüber gut beschäftigt sind. Schließlich treffen sich Ulrike und Jörg mit ihrer Hebamme Karin Flachmeyer und in der Ruhe des KinderHeilhauses lassen die Wehen nicht lange auf sich warten.
Es wird eine schwere Geburt, viel schwerer als bei den beiden

ersten Kindern. Ulrike hat furchtbare Schmerzen. – Sie erlebt es als „finsterstes Schwarz", erinnert sie sich. Die ganze Zeit über denkt sie an ihre spirituelle Lehrerin, hat das Bild vor Augen, wie Ursa Paul auf der Türkeireise ihrer Ausbildungsgruppe auf einem der Schiffe steht, sie selbst im Lykischen Meer schwimmt und zu ihr hochschaut. Dieses Bild gibt ihr Kraft, sie fühlt sich ganz verbunden. „Gleichzeitig war ich total im Zweifel, fühlte mich ganz verloren in diesem wahnsinnigen Schmerz." Zu ihrer Hebamme sagt sie, dass bestimmt kein einziger Mensch auf der Welt an sie denke. „Kaum hatte ich das ausgesprochen, waren Geräusche an der Tür und eine Frau war da mit einer Nachricht von Ursa Paul – ich konnte es kaum glauben."

Sei es, weil das Bad in der Wanne im Wasserraum des Kinder-Heilhauses keine Erleichterung brachte, sei es aus Intuition – Karin drängt darauf, in den Erdraum zu wechseln und dort hockt Ulrike dann über der Geburtsmulde an ihren Mann gelehnt. Zwei, drei weitere Wehen rollen über sie hinweg.

„Es kam ganz plötzlich – irgendetwas drehte sich völlig in meinem Kopf, ich rutschte ganz hinein in meinen Körper, wie ich noch nie in mir war. Ich hatte das Gefühl, da sind zwei goldene Hände, die das Kind in meinem Bauch halten. Es tat nichts mehr weh, gar nichts. Diese lichtvollen Hände geleiteten mein Kind durch den Geburtskanal." Und: „Ich war völlig in diesem Geschehen, ganz in der Wahrnehmung dieser lichten Hände. Und es tat einfach nichts mehr weh." Zumindest bis zu dieser letzten mächtigen Welle, bei der Ulrike glaubt, ohnmächtig zu werden vor Schmerz – die letzte Presswehe, mit der sich das Köpfchen des Babys endlich zeigt. Und Ulrike gebiert das Baby in die Erdmulde hinein, die ausgelegt ist mit einem weichen Schaffell.

Ulrike ist vollkommen geschafft nach dieser schweren Geburt –

und sie fühlt sich noch tagelang in einem Zustand des völligen Einsseins. „Auch bei den beiden Großen, Paula und Lena, war ich in einer großen Seligkeit – es heißt ja, die Babys bringen Licht aus der anderen Welt mit." Aber diesmal ist das Gefühl eines heiligen Raums rund um die Geburt noch viel intensiver, anhaltender. „Ich war selbst wie neugeboren, habe nur noch Licht gesehen, alles war so schön und besonders, zum Beispiel wenn ich aus dem Fenster geschaut habe – dabei war es draußen ganz grau und bewölkt."

Wochen später bestätigt Ursa Paul dieses Gefühl der doppelten Geburt. „Ursa sagte mir, dass ich in diesem ganzen Geschehen eine spirituelle Initiation erfahren habe. Sie ahnte wohl, dass das passieren könnte, und sie hat mir die ganze Zeit das Tor aufgehalten. Aber durchgehen musste ich allein."

Auch um die Geburt herum passieren besondere Dinge. Am Abend bevor es losgeht, sieht Ulrike einen riesigen Regenbogen über der Heilhaussiedlung. Ihr Mann Jörg, der in dieser kurzen Julinacht aus Leipzig angefahren kommt, sieht gleich mehrere dieser farbigen Lichtbänder, den letzten auf Höhe der Autobahnausfahrt Kassel. Der Regenbogen gilt als Symbol für Geburt. Einen Regenbogen sieht Ulrike auch vor ihrem geistigen Auge am Tag nach der Geburt, bei der Meditation für eine im Sterben liegende Frau, das Baby auf ihrem Schoß geborgen. In diesem Bild spannt sich der Bogen zwischen zwei Toren im Universum, als seien es die Tore für den Übergang ins Leben und aus dem Leben ins Jenseits.

„Diese Übergänge waren so spürbar für mich in dieser Zeit", erinnert sich Ulrike. Am ersten Tag nach Lucas Geburt ist Ulrike mit dem Baby auch kurz bei der sterbenden Frau – vielleicht würde ihr das Erspüren des Neugeborenen, das den Übergang gerade geschafft hatte, helfen, selbst loszulassen. Die alte Frau streichelt Lucas winziges Händchen – sprechen kann

sie da schon nicht mehr – und wenige Tage später schläft sie friedlich ein.
Drei Tage bleiben Ulrike und ihre Familie noch im Kinder-Heilhaus, um diese ganz besondere Zeit mit dem Neugeborenen zu genießen und selbst wieder ein wenig zu Kräften zu kommen. Dann müssen sie wieder nach Leipzig.
Doch der Drang nach Kassel wird ab da immer größer. Sie kommen zu jedem Fest. Sie vermissen es immer mehr, dass sie mit den meisten Bekannten in Leipzig über spirituelle Themen nicht reden können. Schließlich der Entschluss, nach Kassel zu ziehen, um endlich mittendrin zu sein in der Heilhausbewegung. „Für mich ist das der beste Lernort. Hier kann ich so viel darüber lernen, wie das geht mit der Gemeinschaftsbildung, wie Konflikte ausgetragen werden können, wie man gemeinsam etwas Großes erschaffen kann. Und die vielen Menschen tun mir einfach gut."

---

*Die Übergänge liegen den Hebammen im Heilhaus besonders am Herzen. Mit dem Benennen, was passiert, schaffen sie Bewusstsein und Tiefe für das Geschehen, geben den Handlungen das Heilige, Rituelle zurück.*
*So fragen sie die werdenden Eltern schon vor der Geburt, wie sie ihr Kind begrüßen wollen – damit sie sich damit beschäftigen und darauf vorbereiten können. „Wenn sich die Eltern getrauen, das zu denken, gibt es immer wieder wunderschöne Bewegungen", berichtet Karin Flachmeyer. So brachte beispielsweise eine Frau das Foto ihrer verstorbenen Mutter mit ins KinderHeilhaus. Damit war die Mutter bei der Geburt präsent, der Kreis der Alten war geschlossen und das Kind wurde in den Clan geboren.*
*Nach der Geburt lassen sie der Mutter Zeit, durchzuatmen und*

*sich nach der anstrengenden Austreibungsphase einen Moment zurückzulehnen. Erst dann legen sie ihr das Baby auf den Bauch, damit sie es in diesem ersten Kontakt außerhalb des Bauches – dem Bonding – auch wirklich begrüßen kann. Denn dieser erste Blick ist ein Stempel, der das Kind ein Leben lang prägt.*

*Auch das Durchschneiden der Nabelschnur ist so ein Übergang, das Loslassen der Symbiose im Mutterleib. Will der Vater, der diesen Schnitt in der Regel vornimmt, seinem Kind dabei etwas versprechen? Mit welchen Gefühlen beobachtet die Mutter dieses Tun?*

*Für viele junge Eltern ist es sehr überraschend, dass die Hebammen ihnen die Plazenta mit nach Hause geben. Das hat einen – zweitrangig – praktischen Grund, weil die Plazenta im KinderHeilhaus als medizinischer Sondermüll entsorgt werden müsste, zu Hause aber als normaler Restmüll zählt. Entscheidend ist, dass die Plazenta der erste Anker des Babys im Mutterleib und damit in der Welt ist, es darüber alle wichtigen Nährstoffe bekommt, um wachsen und gedeihen zu können. Man kann aus der Plazenta homöopathische Globuli herstellen lassen, man kann sie vergraben, darüber einen Strauch oder Baum pflanzen und neues Leben wachsen lassen. Meistens landet sie aber zunächst in der Tiefkühltruhe, bis die stimmige Idee gereift ist.*

Kempa
DEUTSCHLAND

# Geburt und Tod – so nah beieinander

*Katja Lather und Florian Reitze sind Eltern eines Sternenmädchens.*

„Bei aller Trauer und allem Schmerz – der 26. Mai 2009 ist einer der wertvollsten und wichtigsten Tage in meinem Leben", sagt Florian Reitze sehr bestimmt. Es ist der Tag, an dem seine Tochter Toni Fenna zur Welt kommt und nach wenigen Minuten stirbt. Katja Lather und Florian Reitze wussten, dass das passieren würde. Und mit Karin Flachmeyer, Hebamme im KinderHeilhaus, haben sie ihren Weg gefunden, um das Unabwendbare zu leben und zu gestalten.

Es ist die zweite Schwangerschaft der Familie Lather/Reitze. Sohn Hanno ist zwei Jahre alt, als Katja wieder schwanger wird. Sie freuen sich auf das Wunschkind, auch wenn die Mutter anfangs unter Übelkeit leidet. Der Routine-Ultraschall in der zwölften Woche schleudert die Eltern in die Unsicherheit: Irgendetwas stimmt nicht. Die Nackenfalte des Babys ist sehr ausgeprägt, Verdacht auf Downsyndrom. Sie sollen sich bei einem Ultraschallspezialisten vorstellen.

Damit beginnt für Katja und Florian ein „Höllenritt durch die schulmedizinische Diagnostik", den sie so nie wollten. Gleichzeitig ist er ein Segen, weil die beiden in der 20. Woche der Schwangerschaft wissen, was mit ihrem ungeborenen Kind ist: Das kleine Mädchen leidet unter einer Kampomelen Dysplasie, einem sehr seltenen Gendefekt, der – vereinfacht gesagt – dazu führt, dass sich die Skelettknochen nicht richtig entwickeln und die Neugeborenen insbesondere in ihrer Lungenfunktion stark beeinträchtigt sind. In der Regel sterben die Babys kurz nach der Geburt.

Diese Diagnose erhalten sie kurz vor Weihnachten in einer Spezialklinik in Bonn. Irgendwie kommen sie nach Hause in dieser Nacht, geschockt und auch ungläubig: Das kann doch nicht sein. Gleich am nächsten Tag ruft Katja im Heilhaus an. Wochen vorher war sie bei ihrer Suche nach einer Beleghebamme des Kasseler Diakonissenkrankenhauses auch über das Heilhaus gestolpert, hatte die Begleitung dort jedoch erst einmal ausgeschlossen, weil es eine für sie verkehrsgünstigere Hebammenpraxis gab. Aber sie hatte bei der Suche wahrgenommen, dass im KinderHeilhaus ausdrücklich Eltern begleitet werden, deren Kinder nicht zum Leben bestimmt sind. „Als ich das damals las, dachte ich, ach wie gut, dass es so etwas gibt", erinnert sich Katja.

Am gleichen Abend noch können sie ins KinderHeilhaus kommen und mit der Hebamme Karin Flachmeyer sprechen, die sich den Eltern, deren Kinder nicht leben werden, ganz besonders verbunden fühlt. Mit ihr können sie über ihre Verzweiflung, ihre Ohnmacht, ihre Ängste sprechen. Karin hört zu, ist da, lässt sich ein, auf ihr Leid, ihre Sorgen, und fühlt mit in diesem ganzen Schmerz. Vor allem ist sie bereit, Katja und Florian zu begleiten auf diesem Weg – egal, wohin er führen mag.

Die schwierigste Frage ist zu diesem Zeitpunkt, wie es weitergehen soll. Katja hat von Anfang an das Gefühl, dass sie das Baby austragen will, auch wenn sie es noch nicht so klar aussprechen kann. Florian geht zunächst viel pragmatischer an die ganze Sache heran, männlicher vielleicht: „Da ist ein Pro-

blem und das muss man lösen." Die einzige Lösung, die die Ärzte anbieten, ist, das Kind abzutreiben und zwar möglichst bald. Rechtlich ist das möglich bei einer solchen Diagnose. Allerdings ist es so, dass die kleine Toni, wie Bruder Hanno sein Schwesterchen mittlerweile nennt, im Mutterleib gut leben und gedeihen kann. Das Problem beginnt erst mit der Geburt, weil das Baby größte Schwierigkeiten haben wird, zu atmen.
Schließlich ist es die eine, entscheidende Frage, die Karin dem werdenden Vater stellt: „Was bedeutet es für dich, Vater zu sein?" Da ist Florian ganz klar: für sein Kind zu sorgen, solange es lebt. Mit dieser Erkenntnis liegt auch die Entscheidung auf der Hand: kein Schwangerschaftsabbruch. Sie wollen das Kind austragen „und dann tut die Natur das, was sie tun muss". So wird dieses kleine Mädchen leben: für neun Monate und ein paar Minuten.
Als diese Entscheidung gemeinsam gefällt ist, hat Katja noch ziemlich genau die Hälfte der Schwangerschaft vor sich. Sie ist krankgeschrieben, muss nicht als Lehrerin in die Schule gehen und genießt die Zeit mit dem Baby im Bauch Tag für Tag. Sie weiß, dass diese Zeit kostbar ist, dass sie dieses Mädchen nicht aufwachsen sehen wird.
Regelmäßig treffen sie sich mit der Hebamme, die auch im Wechsel mit der Frauenärztin die Vorsorgeuntersuchung macht. Sie fahren ins KinderHeilhaus oder Karin kommt nach Hause, lernt dort auch den „großen" Sohn kennen. Oft hört sie einfach nur zu, was die werdenden Eltern umtreibt. Und sie gibt Ideen, Bilder, Anregungen, wie entscheidende Stationen der Geburt und des Abschieds gestaltet werden könnten, damit man nicht hinterher feststellen muss, etwas Wichtiges versäumt zu haben, weil man nicht rechtzeitig darüber nachgedacht hat. „Karin sagte immer: Alles ist möglich. Und dass es darum geht, herauszufinden, was für uns stimmt", erinnert

sich Florian. Die Eltern basteln gemeinsam eine Kerze für Toni Fenna, Katja strickt ihrer Tochter eine Kuscheldecke, sie kaufen eine Spieluhr und ein Kuscheltier für das Mädchen, so wie sie es auch für Hanno getan haben. Die Schwangere spaziert an sonnigen Frühlingstagen über Friedhöfe und sucht nach einem schönen Platz für ihre Tochter, der Vater nimmt einen ersten Kontakt zum Bestatter auf. Als es bereits auf den Geburtstermin zugeht, bringt Karin einen Kindersarg mit, denn sie müssen sich auch mit der Frage auseinandersetzen, wie sie die Beerdigung ausrichten wollen.

Zu dritt gehen sie auch zur Vorbesprechung in die Städtischen Kliniken, treffen sich mit den zuständigen Ärzten der Fachrichtungen Gynäkologie und Kinderheilkunde, denn bei einer Entbindung im Krankenhaus ist immer ein Kinderarzt im Hintergrund, der sich im Notfall sofort um das Kind kümmern kann. Sosehr Katja und Florian immer noch hoffen, dass sich alles um einen großen Irrtum handelt und ihre Tochter die Geburt überlebt, so klar sind sie darin, dass sie ihr Kind nicht künstlich am Leben halten wollen, um vielleicht ein paar Stunden Zeit zu gewinnen. Die Ärzte hören den Wunsch der Eltern und es wird vereinbart, dass Karin quasi als Freundin der Familie mit in den Kreißsaal darf. Mit den Städtischen Kliniken hat sie keinen Vertrag als Beleghebamme und ist deshalb dort auch nicht versichert.

Und so wird die Geburt der kleinen Toni Fenna selbst angesichts des Unabwendbaren ein für alle Beteiligten beglückendes Erlebnis. 14 Tage nach dem errechneten Geburtstermin – Mutter und Tochter konnten und wollten nicht loslassen – wird die Geburt medikamentös eingeleitet. Die beiden diensthabenden Hebammen lassen der Kollegin, die die Familie kennt, ganz selbstverständlich den Vortritt, frühzeitig wird zur Entspannung der Mutter eine PDA gelegt – es herrscht eine gelöste

Stimmung im Kreißsaal. In dieser Nacht ist dies die einzige Geburt in den Städtischen Kliniken. Der Kinderarzt hält sich im Hintergrund bereit, als die Presswehen voranschreiten und zieht sich dann auch gleich zurück, als Toni Fenna auf die Welt kommt und deutlich ist, dass sie nicht leben wird – der Atemreflex setzt nicht ein. So wird die Nabelschnur durchtrennt und das Baby der Mutter auf den Bauch gelegt. In den Armen des Vaters stirbt das Mädchen nach wenigen Minuten. All das passiert ganz in Ruhe, ohne Hektik, ohne Geschrei. Dann sind die Eltern allein mit ihrer kleinen Tochter, haben viel Zeit mit ihrem Kind. Später kommen Hanno, die Großeltern und die Uroma, Katjas Schwester und Schwager, um Toni Fenna zu begrüßen. Die Schwester macht viele Fotos, die Eltern waschen ihre Tochter, ziehen sie an. Irgendwann müssen sie den Kreißsaal räumen. Sie könnten ein Zimmer auf der Wöchnerinnenstation bekommen, dann würde das Baby in die Pathologie gebracht, aber das ist für Katja undenkbar.

Sie entscheiden sich für das KinderHeilhaus. Dort können sie sein und ihre tote Tochter im Abschiedsraum aufbahren. Der Vater legt sie in ihren kleinen Sarg und trägt sie aus dem Kreißsaal zum Fahrzeug des Bestatters, der das Kind überführt. Die Eltern kommen mit Hanno nach und das stimmige gute Gefühl, das sie bereits durch die Geburt im Krankenhaus getragen hat, wird noch intensiver. Einige Menschen stehen vor dem KinderHeilhaus, empfangen die Familie, summen leise ein Mantra. Toni Fenna ist bereits im Abschiedsraum aufgebahrt in ihrem kleinen Sarg. Neun Kerzen brennen – für jeden Monat, den sie gelebt hat, eine. Wenn niemand von der Familie im Abschiedsraum ist, sitzt dort ein Mensch aus dem Heilhaus, um Totenwache zu halten und für die kleine Seele zu meditieren. Wenn Katja, Florian und Hanno gemeinsam oder allein zu Toni Fenna wollen, haben sie den Raum für sich. Am nächsten Tag kommen einige wenige Freunde der Familie, um das Mädchen zu sehen und zu verabschieden. „Wir hatten einen intimen, total geschützten Raum für uns und den Abschied von unserer Tochter“, sagt Katja. „Und als am Morgen eine Frau im KinderHeilhaus ihr gesundes, atmendes Kind im Wasserraum auf die Welt bringt, konnte ich mich auch darüber freuen. Es war so spürbar, wie nah Geburt und Tod beieinander sind.“

Aus dem Heilhaus kommen noch weitere Menschen, um Toni Fenna die letzte Ehre zu erweisen. Eine kleine Gruppe Kinder aus der Krabbelgruppe besucht das tote Baby. Jürgen Dahlfeld, der Toni Fennas Sarg geschreinert hat, bringt seinen Sohn mit und überreicht Hanno einen Kerzenuntersetzer aus dem gleichen Stamm, aus dem der Sarg seiner Schwester gebaut ist.

„Für die Menschen im Heilhaus scheint der Tod viel selbstverständlicher zum Leben dazuzugehören.“ Florian findet das gut, sonst sind das Sterben und insbesondere der Tod von Kindern doch eher mit einem Tabu belegt. Erst als die eigene Tochter nicht zum Leben geboren wird, erfährt er immer wieder von Fehlgeburten und Babys, die als Säuglinge gestorben sind, in der eigenen Verwandtschaft, von Freunden, im Dorf. „Eigentlich ist das Heilhaus nicht meine Welt und viel zu spirituell. Aber für diese schwierige Situation war es genau der richtige Ort.“ „Und wir hatten das große Glück, dass wir ihn gefunden haben“, sind sich Katja und Florian einig. „Wir konnten dadurch unsere Trauer wirklich leben und das Schreckliche ist wie abgerundet. Wahrscheinlich können wir auch nur deshalb so offen damit umgehen.“ Wenn ihn jemand nach seinen Kindern fragt, dann sagt er immer: „Wir haben vier Kinder: Hanno, seine jüngeren Brüder Benno und Tammo, die bei uns leben – und ein Sternenkind.“

# Sing das Lied der Liebe

*Michael Hoffmann komponiert und singt Lieder aus Asurien[2].*

Michaels Weg im Heilhaus beginnt mit dem Sterben. Das alte Leben sterben lassen: die Angst vor seinen Gefühlen, ausgerichtet zu sein auf das, was andere von ihm denken und erwarten, ein Star zu sein in dem Glauben, darüber Anerkennung und Liebe zu bekommen. Erst dann ist Raum für Geburt und Leben: viele große und kleine Schritte aus der Anpassung heraus, immer mehr auf die eigene innere Stimme zu hören. Und er entdeckt neue Wege für seine Kreativität als Musiker. Er singt nicht mehr Schlager *über* die Liebe, jetzt singt er *aus* Liebe.

Anpassung war in Michaels Kindheit überlebenswichtig. So hat er es wahrgenommen. Erzogen mit Angst, Druck und Gewalt. Mit 17, Mitte der 70er-Jahre, wagt er als Rocksänger in einer Karlsruher Band einen mutigen Schritt heraus aus der Enge. Aber als es darum geht, Geld zu verdienen und eine Familie zu ernähren, schwenkt er mit seinem Bruder um auf Schlagermusik. Die war in Deutschland gefragt, dafür gab es Plattenverträge, Erfolg – und sie war immer noch besser, als seinen erlernten Beruf als Drogist auszuüben. Himbeereis zum Frühstück, Fernsehauftritte, Grand Prix d'Eurovision – auf

2 „Asurien ist das Land im Horizont, dort wo sich das Blau des Himmels mit dem Blau des Meeres verbindet. Wir können dieses Land nicht erreichen, nur in uns selbst finden." (Ursa Paul)

dem Höhepunkt ihres Erfolgs stirbt Michaels Bruder. Er selbst geht mit den alten Hits und neuen Liedern allein oder mit Band auf Tour, obwohl diese nach außen gerichtete Welt immer anstrengender für ihn wird.

Auch die intensive Beschäftigung mit Yoga und Buddhismus ist ein Versuch, die alten Grenzen zu verschieben. „Ich hatte so eine tiefe Sehnsucht nach einer anderen Welt, die weicher, wärmer und liebevoller ist, die mehr mit dem Inneren zu tun hat." Die Bücher ferner Gurus und toter weiser Männer, die Michael liest, erzählen von dieser anderen Welt. Über seine Frau Petra lernt er schließlich Ursa Paul kennen. „Das war wie ein Wunder für mich, einer lebendigen spirituellen Lehrerin zu begegnen. Einem Menschen, der das, was er lehrt, im eigenen Leben verwirklicht." Besonders beeindruckt ihn, zu sehen, dass es möglich ist, wahrhaftig zu sein und das eigene Herz zu öffnen für sich selbst und für andere.

Gemeinsam mit seiner Frau nimmt Michael ab Anfang der Neunzigerjahre an einer Gruppe für Paare teil, als er an Krebs erkrankt. Er vertraut sich einem Arzt an und entscheidet sich für eine alternative Therapie. „Das waren die ersten Schritte zurück zu mir selbst, weil ich mit dem Krebs genau meinen Weg gegangen bin", erinnert sich Michael.

Die Erkrankung ist ein großer Einschnitt. Michael entschließt sich, mit seiner Familie die Heimatstadt Karlsruhe zu verlassen und nach Kassel zu ziehen. Dort gibt es die Anbindung an das Heilhaus, das gerade im Entstehen ist.

Ein halbes Jahr nach dem Umzug erleidet Michael einen Hörsturz auf beiden Ohren. „Es war wie Tod und Erlösung in einem. Ich habe nichts mehr gehört. Das war das Ende – aber es war nicht schlimm. Denn ich wollte auch nichts mehr hören, wollte von den alten Geschichten und Geschäftspartnern einfach nichts mehr hören. Plötzlich stand die Welt still, und ich konnte Frieden in mir spüren. Ich wusste, dass ich den Beruf, so wie er damals war, nie wieder ausüben werde.“ Auch seinen Managern ist klar, dass er nicht mehr ins Studio kann, um Platten aufzunehmen. „Der Hörsturz gab mir die Möglichkeit, aus den Verträgen herauszukommen. Ich hätte einen solchen Schritt vorher nicht gewagt.“

Im sicheren Rahmen des Heilhauses kann er das alte Leben in Ruhe sterben lassen. Und mit ebensolcher Ruhe das neue entstehen lassen. Er fühlt in sich eine Erlaubnis, endlich nach innen zu hören. „Es ging nur noch darum, herauszufinden, was ich wirklich will.“ Er schreibt alle negativen Gedanken auf, um den eigenen Schattenseiten auf die Schliche zu kommen. Ursa Paul arbeitet mit ihm an ungelebten Emotionen, aufgestauter Wut, Hass und Traurigkeit. „Ich hatte immer die Vorstellung, wenn ich mich öffne, dann kommen unsagbar schreckliche Dinge zum Vorschein, die niemand aushält. Aber Ursa Paul hatte keine Angst davor und eröffnete einen Raum, in dem ich mich trauen konnte, mich so zu zeigen, wie ich bin.“

Nach dem Hörsturz bleibt Michael zu Hause bei den beiden Kindern, Petra arbeitet im Heilhaus – damals hieß es noch „Zentrum für Lebensenergie“. Weil das Geld zum Leben nicht reicht, müssen sie zum Sozialamt gehen. Wenige Monate vorher noch ein Star, sitzt Michael mit anderen Hilfsbedürftigen im Flur und wartet darauf, aufgerufen zu werden. „Das war das Paradies. Ich war ein ganz einfacher Mensch und keiner wollte was von mir.“ Sie sind dankbar für die Unterstützung und fühlen sich als Familie aufgefangen, auch von dem Netz, das die Menschen im Heilhaus für sie knüpfen. „Wir haben so viel Hilfe bekommen. Vor allem aber waren da Menschen, die an uns geglaubt haben, die mit uns darauf vertraut haben, dass wir es schaffen werden, aus dieser schwierigen Zeit wieder herauszukommen.“

Es ist 1992, während eines Wochenendes in einer Gruppe für Paare, nach einer tiefen Energiearbeit, die die Herzen berührt, als Ursa Paul den Satz spricht: „Ohne Liebe gibt es keine Heilung." Plötzlich hat Michael eine Melodie in sich, die genau zu diesem Satz passt. Er hatte nie komponiert, sondern die Texte zu seinen Liedern geschrieben. Aber jetzt war da diese Melodie. „Da ging eine Tür in mir auf und meine Kreativität konnte wieder fließen." Zunächst vertont er Sätze, die ihm selbst guttun, die ihn berühren, begleiten und tragen. Im Lauf der Zeit kommen auch längere Texte von Ursa Paul dazu – die „Asurischen Lieder" entstehen. „Ich komponiere diese Lieder nicht. Ich höre in einen anderen Raum hinein, dann kommt die Melodie zu mir", beschreibt Michael diesen Prozess. „Das ist ein großes Geschenk und eine wunderbare Aufgabe."
Die Lieder aus dem Land im Horizont schlagen einen Bogen vom alten ins neue Leben, auch weil sie häufig in Gemeinschaft gesungen werden. „In meiner aus Jugoslawien stammenden Familie wurde sehr viel gesungen, damit bin ich aufgewachsen. Wenn wir Menschen miteinander singen, entsteht eine wunderbare Verbindung und eine ganz besondere Qualität des Gemeinschaftserlebens."
Für Michael sind die Lieder aus Asurien der Schlüssel zu sich selbst. Über die Jahre spürt er, wie er immer noch authentischer wird, wenn er sie singt. Wie er immer mehr zu seinem Herz, in seinen Innenraum kommt. Gleichzeitig verändert sich seine Stimme. Sie wird weicher, tiefer, so wie er sich auch innerlich weicher und tiefer fühlt: „Es geht mir nicht mehr darum, dass die Menschen klatschen. Wenn ich heute singe, bin ich mit mir selbst verbunden."
Die Asurischen Lieder sind auch Mittelpunkt seiner Arbeit geworden. Als Mitarbeiter in Gruppen von Ursa Paul unterstützt er die Menschen mit seiner Musik in deren eigenen

Erfahrungsschritten. Er bietet Kurse an, in denen gemeinschaftlich gesungen wird. Außerdem begleitet er Menschen in ihrer Stimmentwicklung. „Mein Leben und meine Arbeit haben sich gewandelt. Mit den Liedern aus Asurien ist eine Sehnsucht in Erfüllung gegangen – die Sehnsucht, nicht mehr zu singen, was von mir erwartet wird, sondern das zu singen, was mich im tiefsten Inneren berührt."

# Zugehörigkeit heißt Heilung

*Dorothea Möller hat ihren Weg und inneren Frieden gefunden.*

Krankheit war immer wieder ein bestimmendes Thema im Leben von Dorothea: die Krankheit der kleinen Schwester, die sie unsichtbar werden lässt, aber auch Krankheit als Möglichkeit, selbst Ruhe und Kraft zu tanken. Seit 1997 hilft Dorothea Krankheit – ein Chronisches Müdigkeitssyndrom – ihren Weg und inneren Frieden zu finden.

Aufgewachsen ist Dorothea auf einem Bauernhof in einem kleinen Dorf in Nordhessen. Sie ist die Ältere von zwei Mädchen. Fünf Jahre lang ist sie die Prinzessin, dann kommt die Schwester zur Welt. Wenige Wochen nach der Geburt wird die kleine Schwester schwer krank, sie schwebt mit einer Lungenentzündung zwischen Leben und Tod. Die Eltern können sich nur noch um das kranke Kind kümmern und Dorothea fühlt sich in den Hintergrund gedrängt, wenn das Baby nach Atem ringt. Später erzählt ihr die Jüngere, dass sie früh erkannt habe, wie wirkungsvoll Krankheit sein kann. Auch als sie bereits genesen war und etwas durchsetzen wollte, hielt sie die Luft an – und die Eltern flitzten.

Natürlich sollten sie beide Jungs werden und den Hof erben. Aber sie waren Mädchen. Sie mussten nur selten auf dem Hof helfen und durften stattdessen spielen. Das war ungewöhnlich für die damalige Zeit. Zu Dorothea sagte der Vater, dass er ihr die harte Arbeit erspare. Anderen erzählte er, sie sei faul.

Aber Dorothea ist nicht faul. Das ist ihr wichtig. Nach einer Lehre macht sie Abitur auf dem zweiten Bildungsweg. Sie studiert Sozialwissenschaften und gönnt sich auch in langen Examensphasen keine Auszeit von der Disziplin. Ab und zu helfen ihr eine Erkältung oder Bronchitis, Ruhe zu finden und neue Kraft zu schöpfen. Auch ihrer Aufgabe in der Erwachsenenbildung widmet sie sich mit vollem Einsatz, obwohl irgendwann klar ist, dass ihr diese Arbeit nicht guttut und über ihre Kräfte geht. „Ich habe immer sehr viel gemacht, habe einen hohen Anspruch an mich selbst – und ich fühlte mich immer angespannt wie ein Flitzebogen."

Ab 1997 schleicht sich die Schwäche in Dorotheas Leben. Erst war es das Mittagsschläfchen am Wochenende – „wie Pralinen zum Nachtisch" erschienen ihr diese Auszeiten. Dann ist sie abends oft so müde, dass sie immer früher schlafen geht und freie Tage verbringt sie vor allem im Bett. Häufig wird sie krank und ihre Kräfte lassen immer mehr nach. Aber auch dann ruht sie sich nicht aus und arbeitet im Bett weiter. Eine Kur bringt nur vorübergehend eine leichte Besserung. Ende 2002 geht gar nichts mehr, sie muss sich krankschreiben lassen. Nach einer Reha wird sie erst auf zwei Jahre, schließlich voll verrentet.

Seitdem musste sie mittags immer schlafen, ohne diese Erholungsphase geht es die nächsten zwölf Jahre nicht mehr, egal wo sie ist, zu Hause, im Urlaub. Unterwegs kann sie deshalb kaum sein. Die Zeiten, in denen sie sich normal fühlt, werden immer kürzer. Eine ganze Reihe von Viren – Herpes Simplex und Herpes Zoster, Epstein Bahr und Cytomegalie – schwächen sie immer wieder und immer häufiger so sehr, dass sie kaum die Treppe hochgehen kann. Oft ist sie so schwach, dass der Körper nicht einmal mehr Symptome wie Husten oder Schnupfen produziert.

Irgendwann gibt es schließlich eine Diagnose: Chronisches

Müdigkeitssyndrom. „Die Schwäche ist so umfassend wie bei einer starken Grippe. Aber eben nicht nur über ein, zwei Wochen, sondern anhaltend, ständig“, beschreibt Dorothea die Auswirkungen der Krankheit. Ihre Regenerationsfähigkeit ist sehr begrenzt, sie braucht jedes Mal lange, um wieder auf die Beine zu kommen. Bekommt sie kalte Füße, trägt einmal zu schwer oder trifft sie jemanden, der erkältet ist, wird sie meist sofort wieder krank.

Ihr Kranksein wirkt sich auch auf die sozialen Kontakte aus: „Es war nichts mehr planbar, keine Einladung, kein Ausflug. Wenn ich mich mittags noch relativ gut fühlte, konnte ich abends schon wieder krank sein. Viele Menschen wollen mit einer so kranken Person nichts zu tun haben und ziehen sich zurück.“ Ihr großes Glück ist, dass die Familie ihr Kranksein immer mitgetragen hat. Aber es war für alle eine schwere Zeit. Denn die Heilungsaussichten sind schlecht, wenn die Kräfte immer weniger werden, und für Dorothea ist es ein zähes Ringen, nicht die Hoffnung aufzugeben. Die schulmedizinischen Möglichkeiten sind begrenzt und alternative Methoden schlagen bei ihr zunächst nicht an. „Lange Zeit habe ich mich gefühlt, als würde ich ins Grab gehen. Wenn ich schwer krank war, war der Gedanke an Selbstmord oft eine richtige Entlastung für mich. Ich hatte so eine Angst vor Siechtum und davor, für andere nur noch eine Last zu sein.“

Während der Arbeit mit Ursa Paul, die Dorothea seit Ende der 1980er-Jahre kennt und zu der sie regelmäßig zu Meditationen und Seminaren geht, versteht Dorothea irgendwann, dass Selbstmord und auch nur der Gedanke daran, keine Lösung ist. Nur über die Akzeptanz der Schwäche, über das Annehmen, dass es so ist, wie es ist, kommt sie weiter. Es ist der erste wichtige Schritt auf dem inneren Weg vom Kranksein zur Heilung. Sie nimmt an einer Ausbildungsgruppe mit dem Titel „Seelen-

entwicklung – die Suche nach dem inneren Kern" von Ursa Paul teil, nimmt Therapiestunden, sucht die Gemeinschaft der Menschen im Heilhaus, auf Reisen, in Seminaren. Schritt für Schritt erkennt sie Lebensmuster, tief eingegrabene Glaubenssätze und Schattenseiten ihrer selbst – „auch wenn das Erkennen nicht sofort die Umsetzung oder gar eine Lösung bedeuten", räumt Dorothea ein. Die Ausbildungsgruppe sei entscheidend für sie gewesen: mit ihrer Schwäche getragen zu sein von der Gruppe und in der Kontinuität mit ihrer Lehrerin. „Ich bin nicht die Schnellste. Ohne Ursa Pauls Geduld und Liebe hätte ich es nicht geschafft, meinen Weg zu gehen."
Manchmal entstehen Sätze in ihr, innere Botschaften. „Ich bin auf dem Weg der Heilung" ist so ein Satz, der ihr Kraft gibt und Hoffnung. Sie meditiert regelmäßig, auch wenn es nicht leicht ist und sie oft viele Gedanken ablenken. Und doch findet sie immer wieder in die Stille. Nach einer Energiearbeit in der Ausbildungsgruppe steigt ein Wort in ihr auf: „Schöpfungskraft". Sie ist ganz berührt, weint, ist verwirrt und fühlt sich erfüllt von Liebe. „Diese Erfahrung rufe ich mir immer wieder ins Gedächtnis, versetze mich in die damalige Situation und ich spüre, wie mich Energie durchströmt. Das ist ein großes Geschenk für mich." Das gibt ihr Kraft und umso mehr, je öfter sie sich mit diesem Bild verbindet – so wie ein Muskel immer kräftiger wird, den man trainiert.
Schließlich wird ihr klar, dass sie sich mit der Krankheit letztlich selbst bestraft. Weil sie unbewusst das Muster ihrer Schwester übernimmt, über Krankheit ihren Platz im Leben zu erobern. „Es war sehr schmerzlich, dies in aller Tiefe zu fühlen. Und gleichzeitig sind diese Erkenntnis und die vielen Erfahrungen in Workshops und auf Gemeinschaftsreisen mit Ursa Paul für mich der Schlüssel zur Überwindung meines Lebensmusters. Denn Heilung erfahre ich durch Zugehörigkeit."

Seit sich auf dieser geistigen Ebene das Verständnis für ihre Schwäche verändert hat, schlagen auch medizinische und therapeutische Behandlungen an. Nach vielen Jahren fühlt sie sich erstmals wieder wohl in ihrem Körper, spürt eine gewisse Regenerationsfähigkeit, nicht jeder kleinste Infekt wirft sie wochenlang aus der Bahn. Sie kann ihren Alltag wieder einigermaßen bewältigen und hat die Kraft, kleine Arbeiten im Garten zu verrichten, Marmelade für den Weihnachtsmarkt im Heilhaus zu kochen oder Fahrrad zu fahren.

In ganz guten Phasen reist sie: nach Kuba, nach Israel und im Herbst 2013 fährt Dorothea an die französisch-spanische Grenze, um den Jakobsweg zu gehen. Ganz allein. Als Dank an die Schöpfungskraft und an sich selbst. Geplant hatte sie, zwei Wochen zu pilgern – und sei es nur eine Stunde pro Tag. Tatsächlich werden 44 Tage daraus. Sie erlebt Höhen und Tiefen, wird krank und erholt sich ungewohnt schnell. Sie meditiert in der Kirche von Irache und gönnt sich, bei starken Regenfällen, die letzten Etappen bis nach Santiago de Compostela mit dem Bus zu fahren. Als sie im Pilgergottesdienst sitzt, ist sie glücklich: „Ich hätte nie geglaubt, dass ich so weit gehen kann."

Und doch bleibt Dorothea anfällig und empfindlich, wie es für Außenstehende nur schwer nachvollziehbar ist. Trotzdem spricht sie von Heilung. Das Mehr an Kraft und vor allem, was sich auf der seelischen Ebene getan hat, das hohe Maß an Zufriedenheit, das sie gefunden hat. „Ich habe so viel Dankbarkeit in mir, so viel Freude: dass ich morgens aufstehen kann und mich wohlfühle; dass ich mich wieder bewegen und sogar reisen kann." Diese Freude ist keine Selbstverständlichkeit mehr wie früher. „Anscheinend muss ich vieles selbst erleben und durchleiden, um es tiefer zu verstehen", sagt Dorothea. Es liegt keine Wehmut in ihrer Stimme. Denn es ist so, wie es ist.

# Heilende Hände

*Heike Rameil ist Physiotherapeutin mit eigener Praxis im Heilhaus.*

Gearbeitet hat Heike schon immer gern. Der Kontakt mit Menschen, ihnen helfen zu können, wenn sie Schmerzen haben, das hat sie schon immer berührt und genährt. Viele Jahre hat sie in einer Praxis mitgearbeitet, erfolgreich, anerkannt, beliebt. Aber einen tiefen, inneren Kontakt zu ihrer Arbeit als Physiotherapeutin hatte sie nicht. Das ging nicht. Denn es hätte Nähe bedeutet – vor allem zu sich selbst.

„Damals konnte ich mich nicht wirklich fühlen", erinnert sich Heike. Im Sport hat sie ihren Körper gespürt, aber einen Zugang zu ihren Gefühlen und Ängsten hatte sie nicht. Es war die eigene Hilfsbedürftigkeit, die sie schließlich vor 15 Jahren ins Heilhaus führte. Probleme in der Beziehung, ihr Mann war herzkrank, sie selbst hatte keine Kraft mehr. Regelmäßige Gespräche waren der erste Halt, schließlich bekam sie mit ihrem Mann einen Platz in einer Gruppe für Paare, die von Ursa Paul geleitet wird. Dazu der eigene unbändige Lebensdrang, der sie anschiebt, Schritt für Schritt zu gehen. Ihr Vertrauen wächst und über die Jahre häutet sie sich wie eine Zwiebel. Entscheidend wird die Frage, ob Heike ihrem Willen folgen will oder ihrem Herzen. „Es war so deutlich, dass es bei dieser Frage um alles geht, um mein Leben, wie ich lebe, fühle, wie ich bin, wie ich mit anderen Menschen bin. Und um die Nähe zu mir selbst."

In dieser Zeit kommt sich Heike immer näher. Und damit verändert sich auch ihr Zugang zu ihrer Arbeit. „Mir wurde immer klarer, dass ich meine Arbeit selbst gestalten möchte und dass ich das, was ich in mir verändert habe, auch in der Arbeit verändern will. Das geht nur in der Selbstständigkeit."
Heike nimmt sich die Zeit herauszufinden, wie und wo sie wirklich arbeiten will. Ist der Standort der Praxis egal, oder soll es in der räumlichen Anbindung an das Heilhaus sein, wo es damals bereits Arztpraxen und verschiedene Therapieangebote gibt? Der Schritt Richtung Heilhaus würde bedeuten, an den Ort zu gehen, an dem sie selbst Heilung erfahren hat. Und es bedeutet, sich selbst noch mehr zu öffnen, sich einzulassen auf viele Menschen und die Suche nach spiritueller Gemeinschaft. Heike entscheidet sich schließlich für einen Zwischenschritt: Sie mietet sich in einer Praxis für Ergotherapie in direkter Nachbarschaft zum Heilhaus ein, die Ergotherapeutin ist auch Schülerin von Ursa Paul. „Das war genau richtig für mich, mit einem einzigen Raum anzufangen, aufzubauen, mich in der Nähe des Heilhauses zu wissen und angebunden zu fühlen an die Heilhausbewegung."
Basis ihrer Arbeit ist nach wie vor klassische Physiotherapie im 20-Minuten-Takt, manuelle Therapie, mechanische Mobilisierung, Bobath für Erwachsene mit neurologischen Erkrankungen, so wie es im Katalog der Krankenkassen aufgelistet und bezahlt wird. Hinzu kommen feinstoffliche Methoden wie Lymphdrainage und Cranio-Sacrale-Therapie, die ein intuitives Spüren erfordern. In ihrem schlichten, klaren Praxisraum hat sie Platz und Zeit, das Eigene zu entwickeln. Ruhe ist ihr wichtig. Das Geben und Nehmen mit den Menschen, die zu ihr kommen: Beziehung aufzunehmen über das Zuhören, Sprechen, Blicke.
Am Anfang der Selbstständigkeit hat sie noch viele Lücken im

Terminkalender. Sie nutzt die Zwischenräume, um die Behandlungen ausklingen zu lassen und den Patienten die Möglichkeit zu geben, nachzuspüren, wie sich ihr Körper jetzt anfühlt, die innere Ruhe und Entspannung zu genießen. „Diese Zeit der Stille rundet die Behandlung ab. Das spüren die Patienten und sie nehmen das in ihren Alltag mit." Und Heike braucht den Abschluss, um wieder ganz bei sich zu sein und sich anschließend mit ganzer Aufmerksamkeit auf den nächsten Patienten einstellen zu können.

In der Ruhe und Konzentration der Behandlungen spürt sie aber auch in sich eine Veränderung. „Ich fühlte mich immer breiter", sagt die sehr zierliche und drahtige Frau mit der Lockenmähne. Im Kontrast zu früher nimmt sie eine große Kraft in sich wahr, die es ihr erlaubt, immer kompakter zu arbeiten. Die Techniken der Krankengymnastik verbindet sie mit ihrer Wahrnehmung des Menschen, ihrer Intuition und ihrer inneren Kraft. Heike beschreibt das so, dass sie die Energie in ihren Händen spürt. „Es passiert immer wieder, dass die Patienten in der Behandlung über die Wahrnehmung ihres Körpers in eine Intimität und Nähe zu sich selbst kommen. Diese Ahnung von Ganzheit kann zu ersten Schritten der Heilung führen." Und: „Für mich gehören Körper, Geist und Seele zusammen. Wenn ich dazu beitragen kann, dass die Menschen das spüren – dann ist das der Sinn meiner Arbeit." Die Patienten sagen ihr, sie habe heilende Hände. Ihrem Arzt berichten sie, wie gut ihnen die Behandlung tut.

Es spricht sich schnell herum im Viertel, dass es in der Nachbarschaft eine Physiotherapeutin gibt. Die Ärzte der Gemeinschaftspraxis in Rothenditmold weisen ihr Patienten zu. Nach eineinhalb Jahren wird es Heike zu eng als Untermieterin in der Ergotherapiepraxis. Schließlich eröffnet sich ihr die Chance, sich direkt im Heilhaus niederzulassen – „im Herzstück", wie Heike sagt. „Es macht mich ganz ruhig, hier, an diesem Kraftort, zu arbeiten und zu fühlen, wie meine Zugehörigkeit wächst. Ich bin ganz verbunden mit mir selbst, mit der Vision, mit dem Heilhaus – für mich ein Ort der inneren Heimat."

Für manche Patienten, die ganz überwiegend aus dem eher sozial benachteiligten Stadtteil kommen und nichts mit dem Heilhaus zu tun haben, ist es erst einmal überraschend und manchmal auch befremdlich, mit welcher Freundlichkeit sie dort am Eingang empfangen werden. Wer sich nicht auskennt, wird zur Praxis begleitet, bekommt die Garderobe gezeigt und alle Fragen werden geduldig beantwortet. „Manche sind solche Freundlichkeit nicht gewohnt. Und es berührt mein Herz, dass wir uns hier sehr bemühen, allen Menschen respektvoll und achtsam zu begegnen, unabhängig von ihrer sozialen Herkunft oder ihrer Nationalität."

Der Alltag im Heilhaus ist allerdings nicht auf eine einzelne Praxis ausgerichtet, sondern auf alle möglichen Arbeitsbereiche unter einem Dach: Pflege und Sterbebegleitung, Seminarorganisation und -durchführung, Hauswirtschaft und Ernährung, therapeutische und kreative Angebote. Da sind Mitarbeiter des Heilhauses, Selbstständige, Patienten, Besucher, hilfsbedürftige Menschen aus dem Betreuten Wohnen und und und – Menschen mit den unterschiedlichsten Aufgaben, Bedürfnissen und Befindlichkeiten. „Mir tut es gut, mich in dieser Gemeinschaftlichkeit zu üben und immer klarer zu werden. Zu lernen, wahrhaftig zu sein, mich mit Menschen auseinanderzusetzen. Und mich den Herausforderungen in einer spirituellen Gemeinschaft zu stellen: meinen eigenen Schatten, meinen Zweifeln, meinem Ringen um Glaube, Liebe und Hoffnung."

# Der Geist will sich bewegen

*Mechtild Hylla ist Mitinitiatorin der Schule für schwer kranke Kinder im Heilhaus, Lehrerin und Pflegemutter.*

Wenn kleine Kinder größer werden, stellt sich für alle Eltern irgendwann die Frage nach der richtigen Schule. Diese Frage ist immer schwierig, denn alle Eltern möchten das Beste für ihr Kind: dass es sich wohlfühlt, dass es sich entfalten kann und nach Kräften gefördert wird. Ist das Kind ein besonderes, ist die Frage noch schwieriger.
So stellte sich auch für Mechtild und ihren Mann Bernard die Frage nach einer geeigneten Schule, als ihre Pflegetochter Sema vier oder fünf Jahre alt war und als Integrationskind einen Platz im Kinderhaus des Heilhauses hatte. Sema war mit elf Monaten in die Familie gekommen, hatte mehrere große Operationen wegen ihres angeborenen Herzfehlers durchstehen müssen und war oft sehr schwach, musste im Bett liegen. So dünnhäutig und ohne Grenze, wie sie damals war, hätte sie das Gewusel, das viele Menschen, auch viele kleine Menschen mit sich bringen, gar nicht ausgehalten, weil der Lärm wie durch sie hindurchging und ihre Energie ungebremst aus ihr hinausfloss.
Beim Plausch mit einer Freundin formte sich die Frage zur Idee – der Funke war entzündet: Es braucht eine besondere Schule für solche besonderen Kinder. Eine Schule im Heilhaus für Kinder, die einen ruhigen Ort benötigen, wo das Leben langsamer geht. Für die die Zartheit der Energie und der Schutz

der Räume genauso wichtig ist wie Anregung und die Normalität, wie alle anderen Kinder auch in die Schule zu gehen.
Eine neue Schule gründen – so wie Mechtild vor vielen Jahren bereits mit anderen Pädagogen eine Schule in Kassel gründete, damals die Freie Schule. Jetzt also eine Schule für Kinder, die so krank sind, dass sie auch in speziellen Schulen für behinderte Kinder nicht gut sein können, weil es sie überfordert, die Lautstärke, die geballte Lebendigkeit der vielen Mitschüler. Die Idee der Schule für schwer kranke Kinder wird von Ursa Paul sehr unterstützt, denn sie weiß: „Die Seele will in Stille kommen, doch der Geist will sich bewegen." Weil aber schwer kranke Kinder immer und von allen Aspekten des Lebens überfordert sind – von einem normalen Tagesablauf, wie sich gesunde Menschen bewegen und äußern –, sollte ein Ort geschaffen werden, wo es die Sanftheit genauso gibt wie die Lebendigkeit – und das in einem Maße, wie es die Kinder verkraften.
Gemeinsam mit einer Kollegin, die wie Mechtild zu dieser Zeit in der Kasseler Montessori-Schule arbeitet und die sich ebenfalls sehr im Heilhaus engagiert, schreibt Mechtild im Namen der HEILHAUS-STIFTUNG URSA PAUL an der Konzeption für die Schule für schwer kranke Kinder. Es werden Kontakte zum Schulamt sowie zur Kasseler Alexander-Schmorell-Schule für behinderte Kinder geknüpft und gepflegt.
Sieben Jahre braucht es, bis das Konzept der Schule steht und zur Genehmigung dem staatlichen Schulamt in Kassel und dem Kultusministerium in Wiesbaden vorgelegt werden kann. Genau zu der Zeit wird für ein beatmetes, schwerstkrankes Kind ein besonderer Schulplatz gesucht. Und ein anderes stark behindertes Kind wird zur Dauerpflege im Heilhaus aufgenommen. So kommt es, dass bis zur Anerkennung der Schule für schwer kranke Kinder im Heilhaus zwei Kinder über das

Angebot des „Hausunterrichts“ zweimal die Woche betreut werden und das fast drei Jahre lang.
Im September 2009 nimmt die Schule für schwer kranke Kinder ganz offiziell als Abteilung der Alexander-Schmorell-Schule ihren Betrieb im „Haus des Herzens“ in der Heilhaus-Siedlung auf. Träger der neuen Schulräume ist die Stadt Kassel, die Lehrerinnen sind im staatlichen Schuldienst, die benötigten Schulassistenten sind Angestellte der HEILHAUS-STIFTUNG URSA PAUL. In den benachbarten Räumen befindet sich eine Kindertagesstätte für unter Dreijährige.
„Genau so wie die Schule damals begann, hätte ich sie mir auch für Sema gewünscht“, sagt Mechtild. Inzwischen war sie jedoch so kräftig und stabil, dass sie in eine Klasse in der großen Alexander-Schmorell-Schule gehen konnte. „So relativ gesund, wie sie damals war, hat sie dort mehr Angebote gefunden, größere Herausforderungen, mehr ‚richtiges‘ Leben. Dort war sie ein – behindertes – Kind unter anderen, mit allen Freuden und allem Schmerzhaften.“ Auch wenn das für sie als Mutter nicht immer einfach war.
Die ersten Schüler sind der Junge und das Mädchen aus dem Hausunterricht. Der Junge kann kaum sehen und ist spastisch gelähmt. Das Mädchen kann zwar sehen, aber beide können nicht sprechen und nicht gehen. Das heißt, beide sind vollkommen angewiesen auf Sinneserfahrungen. Das beginnt mit der Gestaltung der Schulräume. Sie sind in den Farben der oberen Chakren (Energiezentren) im Körper gestaltet, die dem Geistigen zugeordnet sind. So sind Wände und Möbel in zartem Rosa und Grün, in Blau, Lila und Weiß gehalten – was wie Nahrung für die Kinder ist.
Als Lehrerin in der Schule für schwer kranke Kinder gibt Mechtild mit ihren Kolleginnen den Schultagen eine immer wiederkehrende Struktur, mit Verrichtungen und Ritualen,

wie sie es in allen anderen Schulen, in denen sie gearbeitet hat, auch getan hatte. Ansonsten ist alles anders: „Ich werde ganz ruhig hier mit den Kindern und genieße es, so ruhig sein zu dürfen. Ich sitze neben ihnen, massiere ihre Hände, nehme ihre Mimik wahr.“ Gleichzeitig ist es auch eine große Herausforderung für sie, so ruhig und still zu werden. Mechtild ist aus ganzem Herzen Pädagogin, sie liebt es, Kindern das Lesen oder Schreiben beizubringen. Deshalb ist es nicht nur leicht, dass es in dieser Schule, mit diesen Kindern gar nicht darum geht, sie zu lehren. Es geht nicht um Leistung – was ja ein Widerspruch zum Begriff Schule ist. Wenn es um so etwas wie Lernen geht, dann in dem Sinne, herauszufinden, was die Kinder an Förderung und Unterstützung brauchen, um beispielsweise ihren Ausdruck und damit auch ihre Wahlmöglichkeiten zu erweitern, um autonomer zu werden und mehr Einfluss auf das eigene Leben zu nehmen. „Was muss ich einem Kind anbieten, das nicht sprechen kann, um ihm mit unterstützter Kommunikation ein ‚Ja‘ oder ‚Nein‘ zu ermöglichen“, beschreibt Mechtild diese große Aufgabe.
Manchmal ist es übrigens alles andere als ruhig in der Schule für schwer kranke Kinder. Beispielsweise dann, wenn die Kleinen aus der benachbarten Kindertagesstätte zu Besuch sind. Die toben gern im Bällebad und ihr Kindergeschrei und ihr Lachen sind wie eine Klangmassage für die behinderten Kinder, die die Lebendigkeit – für eine begrenzte Zeit – sichtlich genießen. Auch die Besuchskinder machen Erfahrungen, die sonst fremd und „uncool“ sind. Dann werden wilde Jungs plötzlich ganz still und finden es spannend, eine Stunde lang die Zutaten eines Hefeteigs zu ertasten – so wie die Lehrerin den kranken Kindern das Mehl über die Hände rieseln lässt. Oder sie liegen zehn Minuten ruhig auf dem Wasserbett, um zu erfahren, wie es ist, wenn man sich gar nicht bewegen kann.

„Es kommt immer wieder zu ganz rührenden Szenen, weil sich die gesunden Kinder hier Dinge erlauben, die sie sich in der normalen Umgebung nicht getrauen würden: zart zu sein, sanft zu berühren, still."
Eine Mischung aus gesunden – gesünderen – Kindern und schwer kranken wäre Mechtilds Wunschbesetzung der Schulklasse im Heilhaus. Für fünf Kinder ist Platz. Und es gibt immer wieder Anfragen, von Frühförderstellen, von der Schulaufsichtsbehörde, vom Jugendamt oder dem Landeswohlfahrtsverband. Doch für Eltern, die das Heilhaus nicht kennen, sei es nicht so einfach, über die beiden Schulräume, die so still sind, hinaus etwas wahrzunehmen und zu fühlen. Sie wissen nicht, dass die Kinder nicht nur Schüler einer winzigen Schule sind, sondern teilhaben an der Gemeinschaft, der Siedlung am Heilhaus. Die Menschen dort nehmen die Kinder wahr, grüßen. Es gibt Begegnungen beim Mittagessen in der Cafeteria. Manchmal kommen auch erwachsene Besucher aus dem Haus vorbei: eine alte Dame aus dem betreuten Wohnen, die besonders den Jungen in ihr Herz geschlossen hat, ein Mann, der selbst schwer beeinträchtigt ist von einer Erbkrankheit.
„Die Eltern gehen sehr unterschiedlich mit diesem schweren Schicksal um, das es bedeutet, ein so krankes Kind zu haben", weiß Mechtild aus vielen Gesprächen. Und auch die Lehrer- und Betreuungskollegen aus der Alexander-Schmorell-Schule stehen der Abteilung im Heilhaus zwiespältig gegenüber. Die einen finden es gut, dass es diesen besonderen, stillen Platz gibt. Die anderen sehen darin eine Isolierung der schwerstkranken Kinder, wollen auch diese integrieren in den Schulalltag, bis zu ihrem Tod. Das kann dann bedeuten, dass sehr kranke Kinder irgendwann zu Hause bleiben müssen. Und natürlich gibt es für beide Positionen gute, überzeugende Argumente.

Genau für dieses Zu-Hause-bleiben-Müssen will die Schule für schwer kranke Kinder eine Alternative anbieten. Für die Kinder bedeutet der Schulbesuch die Erweiterung ihres Lebensraums, Abwechslung, Anregung – und für die Eltern und Familien eine riesige Entlastung, ein paar Stunden frei zu haben, nicht in der direkten Verantwortung zu sein, sich einmal nicht kümmern zu müssen. Die Kinder erleben die Beziehung zu anderen Menschen, die nicht erschöpft, nicht in ständiger Sorge oder manchmal überfordert sind. Insofern ist der Schulbesuch auch eine Entlastung für das kranke Kind, das ja die Ursache für die Sorge, für die Überlastung und die Ängste der Angehörigen ist, aus diesem heimischen Feld wenigstens für kurze Zeit herauszukommen.
Mechtild weiß um diese beiderseitige Entlastung, die sie sich auch als (Pflege-)Mutter eines kranken Mädchens sehnlich gewünscht hat. Als Lehrerin in der Schule für schwer kranke Kinder hilft sie diesen Kindern und ihren Familien. Ihre Pflegetochter Sema, für die die Schule damals ins Leben gerufen wurde, wäre so gern auf die Heilhausschule gegangen – und kann es nun nicht mehr.

---

*Am 27. März 2013 ist Sema infolge ihrer schweren Herzerkrankung im Alter von 16 Jahren gestorben.*

# Verbunden mit der Schöpfungskraft

*Irena Ramb ist Leiterin des Ernährungsbereichs im Heilhaus und Siedlerin in der Heilhaussiedlung.*

Es war nicht einfach ein Umzug von einer in die nächste Wohnung, als Irena im Herbst 2012 in die Heilhaussiedlung zog. Es war der konsequente Schritt, wirklich ihrem Herzen zu folgen. Und es spannt sich ein Bogen von dem Zusammenleben in der Hausgemeinschaft ihrer spirituellen Lehrerin Ursa Paul, ihrem Auszug dort, dem Rückzug in eine Wohnung ganz ohne Heilhausbezüge, der langsamen Wiederannäherung bis hin zum völligen Eintauchen in die Gemeinschaft, die ihr so viel bedeutet. Dass sich dieser Bogen spannen kann, war harte Arbeit – und es ist Irenas größte Freude.

Als Irena 1988 Ursa Paul kennenlernt, ist sie in einer großen Lebenskrise und auf der Suche nach einer Therapeutin. Mit knapp 40 fühlt sie sich am Ende ihres Lebens: Ihr kleiner Sohn ist gestorben, die Ehe kaputt, alles hatte sich aufgelöst, auch ihren Glauben hatte sie verloren. „Als ich in die Praxis kam, in diese klaren Räume, die so gefüllt waren, wusste ich intuitiv: Hier bin ich richtig“, erinnert sich Irena. Beobachtend, fühlend und in der Arbeit mit Ursa Paul erfährt sie hier, wonach sie sich so lange gesehnt hat: mit der Schöpfungskraft verbunden zu sein. Und dass Werte wie Mitmenschlichkeit, Respekt, Achtsamkeit und Liebe nicht nur gepredigt, sondern gelebt

werden. Langsam, ganz langsam findet sie wieder zu ihrem Glauben an eine höhere Kraft, die uns Menschen lenkt.
Sehr schnell ist für Irena klar, dass sie diese Arbeit unterstützen will. Es ist die Zeit, als das Heilhaus – damals noch benannt als Zentrum für Lebensenergie – gerade um- und ausgebaut wird. Irena, die schon als pharmazeutisch-technische Assistentin Fortbildungen zur Ernährungsberaterin gemacht hatte, übernimmt vom ersten Tag an den Aufbau des Ernährungsbereichs im Heilhaus. Gemeinsam mit und in der Weisung von Ursa Paul entwickelt sie Speisen und Menüs, die der feinstofflichen Arbeit förderlich sind, die keine Energie für die Verdauung abziehen, sondern sie den Menschen für die Arbeit an sich selbst zur Verfügung stellen. Mit verschiedensten Fortbildungen und unermüdlichem Experimentieren gelingt es ihr, die Rezepte immer weiter so zu verfeinern, dass das Essen leicht ist und gleichzeitig eine Vielfalt an Nährstoffen, Geschmack und Sinnlichkeit vermittelt. „In dieser engen Zusammenarbeit mit Ursa Paul haben wir Zutaten und Gerichte den Chakren und Elementen zugeordnet und so eine Ernährung entwickelt, die wirkliche Nahrung für Körper und Seele ist."
Als enge Vertraute lebt Irena schließlich in der Hausgemeinschaft von Ursa Paul und sorgt auch dort für deren Ernährung. Nach 13 gemeinsamen Jahren und mitten in einer tiefen persönlichen Krise trifft Irena die Entscheidung, nicht länger das alltägliche Leben mit ihrer spirituellen Lehrerin zu teilen, sondern auf der privaten Ebene für eine räumliche Trennung zu sorgen. 2008 zieht sie in eine Wohnung eines Mehrfamilienhauses mit Menschen, die nichts mit dem Heilhaus zu tun haben. Sie braucht die räumliche Entfernung, die Anonymität. „Nach diesem Schnitt musste ich mich ganz neu finden und definieren. In dieser Phase der Neuausrichtung brauchte ich den völligen Rückzug."

Der Heilhausbewegung fühlt sie sich weiter verbunden, das Wirken von Ursa Paul stand für Irena außerhalb ihrer Zweifel. Sie arbeitet weiter im Heilhaus, baut den Ernährungsbereich weiter aus – auch wenn es ihr immer wieder sehr schwer ist, ihren Platz dort, an dieser exponierten Stelle, zu halten, so erschüttert wie sie war. In zahllosen Therapiesitzungen arbeitet sie ihre Vergangenheit auf und erkennt, wie stark Zweifel ihr Leben prägen und immer schon geprägt haben. Irgendwann kommt sie tatsächlich an den Punkt, ihre Arbeit im Heilhaus aufgeben zu wollen. Erst als sie sich auf ihre Ursprünge in der Heilhausbewegung besinnt, gelingt die innere Wende, kann sie anknüpfen an ihre tiefe Überzeugung, dass dies ihre Form ist, in dieser Gesellschaft etwas zu bewegen, „indem ich an mir arbeite in der Art, wie Ursa Paul es mir und uns zeigt." Damit war für Irena klar, dass sie gar nicht weggehen kann, weil sie sonst gegen ihre Überzeugung handelt. Und damit hatte sie auch wieder ihre Ausrichtung, um ihren Weg weiterzugehen.

Schritt für Schritt bewegt sie sich so innerlich in die Gemeinschaft zurück. Zum Jahreswechsel 2011/2012 weiß Irena, dass sie keinen weiteren Winter in dem anonymen Haus leben will, wo neue Nachbarn sie und die anderen Mieter schikanieren und wo es keinerlei Auseinandersetzung darüber gibt. Aber sie will sich nicht einfach eine neue Wohnung suchen. Sie will in die Heilhaussiedlung ziehen, „weil sich dort bereits so vieles manifestiert, was die Anziehung der Vision für mich ausmacht: Die Menschen beziehen sich aufeinander. Wir alle wagen das Experiment, als Gemeinschaft zu leben, in der alle Menschen ihren Platz haben. Und wir alle gehen einen spirituellen Weg mit der Vision eines heilenden Hauses als Fokus. Damit schaffen wir ein kraftvolles Feld, das uns auch dann trägt, wenn es Schwierigkeiten gibt. Und wir haben bislang in allen Konfliktsituationen Lösungen gefunden."

Innerhalb weniger Monate fügen sich die Dinge: Eine Frau zieht weg aus der Siedlung, ein Mensch tauscht die Wohnung und in Irenas neuem Zuhause werden nach ihren Vorstellungen noch kleinere Umbauarbeiten vorgenommen. Seit September 2012 lebt sie in der Siedlung – und ist glücklich darüber. Auch wenn es nicht nur einfach ist mit den vielen Menschen, die sie alle kennt und die alle sie kennen. „Unser Zusammenleben ist so vielschichtig und wir haben alle so viele unterschiedliche Rollen: Wir sind Nachbarn, die einen mag ich mehr, bin mit ihnen befreundet, andere mag ich weniger und hätte mit ihnen sonst nichts zu tun. Wir sind Vorgesetzte und Mitarbeiter, mal ganz privat, mal ganz auf der Arbeitsebene, wir engagieren uns ehrenamtlich und sind alle Schüler unserer spirituellen Lehrerin. Es gibt Situationen, in denen es wichtig ist, die Hierarchien zu respektieren, und andere, in denen sie keine Rolle spielen. Wenn wir uns begegnen, ist es gut, diese vielen Ebenen parat zu haben und angemessen damit umzugehen“, sagt Irena. Für sie ist das ein beständiges Lernfeld mitten im Leben. „Das ist ein großer Wert, den wir da haben. Ob uns das immer gelingt, das ist eine andere Frage.“
Von der neuen Wohnung sind es keine fünf Minuten bis zum Heilhaus. Mehr Abstand zu ihrer Arbeit braucht Irena nicht, sie kann gut abgeben und loslassen, wenn sie die Aufgabe bei ihren KollegInnen in guten Händen weiß. Gleichzeitig schaffen die kurzen Wege zum Heilhaus und in der Siedlung ganz neue Möglichkeiten. „Ich habe mich früher immer gewundert, warum die Siedler sagen, dass es anders sei, hier zu leben. Ich habe mich auch früher ehrenamtlich engagiert. Aber seitdem ich hier lebe, hat es eine noch größere Selbstverständlichkeit. Meine Bereitschaft ist größer, den Sinn der Vision vom Kreislauf von Geburt, Leben und Sterben mitzutragen und mich zu engagieren.“ Die Hebammen wissen jetzt, dass sie Irena anru-

fen können, wenn sie Unterstützung bei einer Geburt brauchen. Oder wenn es Irenas Zeit erlaubt, holt sie auch die Menschen aus dem Betreuten Wohnen ab, um sie zum Mittagessen zu begleiten.

„Für mich hat das Leben in der Siedlung eine spirituelle Dimension. Also nicht nur nicht alleine zu wohnen, sondern mit Kindern und Erwachsenen, mit Behinderten und Gesunden, Dementen, psychisch oder körperlich Kranken in einer Gemeinschaft zu leben in dem Bewusstsein, dass wir alle zusammengehören und füreinander da sind." Als junge Frau hat Irena das schmerzlich vermisst und sie erinnert sich an diesen auffallend kranken jungen Mann in ihrem Heimatort, der immer verspottet wurde. Heute erzählt Irena gern von dem Ausflug an Weihnachten zusammen mit einer Freundin und Kai, der mit Corea Huntington im Betreuten Wohnen lebte. Wie sie damals gemeinsam in das Kloster Lippoldsberg an der Weser gefahren sind. Wie sie alle eine Kerze angezündet haben und Kai so unruhig war und unentwegt sprach. Wie sie ihn bat, auch still zu sein. Und sie drei dann dort saßen, ganz ruhig, ganz verbunden. „Das war wirklich Weihnachten." Und: „Wir vergessen das leider manchmal, in dem Vielen, was alles getan sein will, dass das die Essenz der Heilhausvision ist, uns wirklich auf die Menschen und uns selbst einzulassen. Im Alltäglichen scheint uns das dann schwierig, aufwendig. Das ist es auch auf eine gewisse Art – und doch gibt es so viel Erfüllung und nährt unsere Seele."

# Kraft schöpfen aus dem Schmerz

*Karin Flachmeyer ist Hebamme und Mutter eines toten Sohnes.*

Karin ist Hebamme, mit Leib und Seele. Früher, in verschiedenen Städten in Norddeutschland, lernt und arbeitet sie zunächst im Krankenhaus und macht sich dann selbstständig, um so arbeiten zu können, wie es ihr entspricht. Als die drei eigenen Kinder aus dem Haus sind, siedelt sie nach Kassel über. Sie will im Heilhaus, und in direkter Anbindung an ihre spirituelle Lehrerin Ursa Paul, werdenden Müttern zur Seite stehen und Babys auf die Welt helfen. Und Frauen und Eltern begleiten, die ein Kind verloren haben. Denn es begegnen ihr schon seit Langem immer wieder tote Kinder. Das schreckt Karin nicht. Es ist ihr ein Herzensanliegen, den toten Seelchen einen würdevollen Abschied zu ermöglichen und die Eltern in ihrer grenzenlosen Trauer zu begleiten und zu stärken. Nur in ängstlichen Stunden fragte sich Karin manchmal, auf was das Leben sie vorbereite, dass sie so viel mit toten Kindern zu tun hat. Oder was in ihrem Leben noch auf sie zukommen würde, um den Schmerz der Eltern ganz nah zu spüren – aber das mochte sie nicht weiterdenken.

„Ich hatte lange so etwas wie einen kindlich-naiven Glauben, dass einem in der direkten Verbindung mit Ursa Paul nichts wirklich Schlimmes passieren könne“, erinnert sich Karin. Und dann passiert es doch: Ihr ältester Sohn Jonathan kommt mit 25 Jahren bei einem Autounfall ums Leben.

Es war in diesem heißen Sommer 2004. Jonathan war auf der Schauspielschule in Wien, kurz vor dem abschließenden Intendantenvorsprechen. Es ging ihm schlecht, er hatte große Zweifel, ob er gut genug sei. Um sich auf die Prüfung vorzubereiten und Kraft zu tanken, wollte er mit einem Freund nach Rumänien in Urlaub fahren – „in das Land, in dem das Feuer wohnt", wie er sich ausdrückte. Ab und zu meldeten sich die beiden jungen Männer von unterwegs, berichteten über blühende Sonnenblumenfelder, dass sie zelten und sich wohlfühlen. Dann eines Nachts die Nachricht des Freundes: Jonathan ist tot.

„Das ist das Schrecklichste, was ich je anhören musste", erinnert sich Karin. „Und das Zweitschrecklichste war, dass ich es weitergeben musste. Dass ich es war, die die anderen benachrichtigen musste. Die Nachricht war ja bei mir angekommen." In ihrer Not kann sie keinen anderen Gedanken fassen, als dass sie mit ihrer spirituellen Lehrerin Ursa Paul sprechen müsse – und tatsächlich erreicht sie sie unterwegs auf einer Reise. „Mit Ursa zu sprechen, sie zu bitten, Jonathan an ihr Herz zu nehmen, gab mir die Gewissheit: Ich bin nicht mehr verloren, da ist ein Rettungsanker, an den ich mich klammern kann. Sie sagte zu mir, du kannst das und du hast die Kraft, das durchzustehen. Und ich habe es ihr geglaubt." So ruft sie alle an, Matthias, den Vater, von dem sie sich vor Jahren getrennt hat, die beiden Geschwister, Jonathans Freundin, einen nach dem anderen, alle sind im Urlaub.

Am nächsten Tag trifft sich die Familie in München. Sie wollen nach Rumänien fliegen, denn sie müssen an den Ort, wo der Unfall passiert ist, um das Unbegreifliche begreifen zu können. In Rumänien mieten sie ein Auto, fahren durch die Landschaft und sehen, was auch Jonathan zuletzt gesehen hat, waren dort, wo er unbedingt hinwollte. Und es gibt immer wieder schöne

Momente auf dieser schrecklichen Fahrt, Ausblicke, Eindrücke, das tiefe Gefühl, wir gehören zusammen.
Schließlich treffen sie den Freund. Sie hätten den Nachmittag zusammen verbracht, berichtet er. Dann wollte Jonathan Zigaretten holen fahren. Der Freund blieb auf dem Campingplatz zurück und wartete die ganze Nacht, nicht wissend, was er tun sollte. Warten, suchen, ohne Auto, fragen, aber wen? Irgendwann geht er los, trifft junge Leute, die mit ihm gemeinsam suchen und schließlich mit ihm zur Polizei fahren. Dort erfuhr er dann, dass Jonathan mit seinem Fahrzeug von der Fahrbahn abgekommen und gegen einen Baum geprallt war. Das Auto ging sofort in Flammen auf und damit auch Jonathans Körper.
„Was mich immer wieder tief beeindruckte, war die Fürsorglichkeit und der Respekt der Menschen dort", erinnert sich Karin. So hatten zwei Männer nachts das brennende Wrack gefunden. Einer fuhr zur Polizei, der andere hielt Totenwache. Obwohl es völlig über seine Kräfte ging und er sich betrinken musste – der Mann harrte aus, aus Achtung vor dem Toten. Auch im Leichenschauhaus gehen die Menschen ganz behutsam mit der Familie um. Sie müssen sich den verbrannten Körper des Sohnes nicht ansehen, sondern dürfen ihn anhand von Fragen identifizieren. Besonders dankbar ist Karin, dass die Polizei den Unfallort auf ihren Wunsch so belassen hat, wie er war. Rund um das ausgebrannte Wrack liegen Sachen von Jonathan verstreut, Manuskripte in seiner Schrift, ein Überrest seines Passes – ausgerechnet das Foto, als wollte er sich ihnen noch einmal zeigen.
Der Baum, gegen den Jonathans Auto geprallt war, ist angekohlt, verletzt und sie schmücken ihn mit Blumen, um ihm die Ehre zu geben, der Todesort des Sohnes und Bruders zu sein. Dort, an diesem Baum, überkommt Karin die ganze Tiefe des Schmerzes und sie klagt und weint und schreit, wie alle Frauen

in allen Zeiten und Kulturen es getan haben, wenn sie um ihre gestorbenen Kinder trauern. „Ich fühlte mich so in der Gemeinschaft der Frauen, ganz verbunden mit diesem archaischen Bild der klagenden Weiber. Das war ein unglaublicher Trost für mich, so klagen zu können."

Im Heilhaus in Kassel wird derweil viele Tage für Jonathan und seine Familie meditiert. Karin telefoniert immer wieder mit Ursa Paul, das gibt ihr Kraft. „Ich weiß, ohne diese Anbindung hätte ich das irgendwie nicht überlebt. Wir fühlten uns so getragen und konnten bei aller Traurigkeit die Schönheit der Landschaft wahrnehmen, die auch Jonathan schon berührt hatte", erinnert sich Karin. Sie fahren ans Meer, stehen mit den Füßen im Wasser – da ist so ein Frieden.

Sie entscheiden, dass Jonathans Körper eingeäschert werden soll, hatte er sich doch ohnehin bereits dem Feuer übergeben. So fahren sie nach einigen Tagen nach Hause, die Geschwister bleiben in München, die getrennt lebenden Eltern fahren weiter nach Kassel. Irgendwann kommt die Urne per Post. Ursa Paul unterbricht den normalen Betrieb im Heilhaus und ruft alle Menschen auf die „blaue Ebene", den Raum unterm Dach, der mit himmelblauem Teppich ausgelegt ist und wo regelmäßig Meditationen stattfinden. Sie entzündet eine Kerze und stellt eine weiße Rose dazu, die die Unschuld, Jonathans Unschuld, symbolisiert. „Ursa hat ihn damit wie entschuldet, weil er um den Wert des Lebens als solchem nicht gewusst hat", beschreibt Karin dieses Ritual. „Erst da konnte auch ich ihn aus der Schuld entlassen." Ursa Paul bittet Karin, einen Segen für ihren Sohn zu sprechen. Und sie spricht die Worte, die ihr in den Sinn kommen, obwohl sie zutiefst überzeugt ist, dass sie das einfach nicht könne. Aber es ist genau der richtige Schritt: „Es tut so gut, sich zu überwinden, die Gedanken in Worte zu fassen und in die Welt zu geben."

„Die Rituale, die uns Ursa gab, ihr Umgehen mit dem Tod, dem Abschiednehmen – das ist alles ganz individuell und ausschließlich darauf ausgerichtet, was die Menschen gerade brauchen, was ihnen guttut." Solche Rituale, Worte, Gesten trösten und helfen gleichzeitig, die Realität des Todes anzunehmen. Das hat Karin damals selbst erlebt, und sie nutzt diese Erfahrungen heute in ihrer Arbeit mit den Eltern, die sie begleitet, die ein Kind verloren haben. Auch dann zählt nur die Trauer der nächsten Angehörigen und was ihnen in dieser Trauer hilft.

Bis zur Beerdigung steht Jonathans Urne auf der blauen Ebene. Zum Abschiednehmen kommen die Kommilitonen aus Wien. Sie sitzen im Heilhausgarten und erzählen sich Geschichten, lassen Jonathan lebendig werden mit aller Heiterkeit, die in seinem Leben auch war. Sie übernachten auf der blauen Ebene, in einem Raum mit der Urne, um mit Jonathan zusammen zu sein. In ihrem Schmerz rücken sie so nah wie möglich zusammen und anstatt sich im Raum zu verteilen, ordnen sie die Matratzen so an, dass sie Seite an Seite in einer Reihe liegen mit der Urne. Karin: „Es ist zutiefst anrührend, wie Menschen handeln, wenn man sie lässt, wenn man ihnen Raum gibt, ihrem Gefühl und ihrer Intuition zu folgen."

Am Tag der Beerdigung kommen weitere junge Menschen, ehemalige Mitschüler und Freunde aus Kindertagen. Fast nur Freunde von Jonathan machen sich auf den Weg in den Friedwald, die Menschen aus der Heilhausgemeinschaft sollten auf Wunsch der Geschwister nicht dabei sein – das sei nicht Jonathans Welt gewesen. Ursa Paul gestaltet das Ritual, die Freunde singen ein Lied von Herbert Grönemeyer, das Jonathans Freiheitsdrang und Strahlen in Erinnerung ruft. Gemeinsam lassen Karin, der Vater und die Geschwister Jonathans Urne in die Erde hinab und Karin erinnert plötzlich den uralten und immer gültigen Satz der trauernden Mütter: „Unter Schmerzen habe ich dich aus meinem Schoß geboren und unter Schmerzen gebe ich dich in den Schoß von Mutter Erde zurück." Diese Rückbindung an den Lauf der Welt, an uralte Zeiten ist es, die Karin immer wieder Kraft gibt, ihr Trost spendet. Und es tut ihr gut, im Kreis der vielen jungen Menschen zu sein, die selbst trauern, ihren Schmerz ausdrücken und zutiefst beeindruckt davon sind, wie eine Beerdigung auch sein kann.

Einige Zeit später gibt Ursa Paul ein zweites Abschiedsritual für Jonathan im Kreis der Menschen des Heilhauses und holt Karin und Matthias, den Vater, damit wieder in die Gemeinschaft zurück. Sie stellen eine Spirale aus Licht, für jedes Lebensjahr eine Kerze, und abwechselnd erzählen Karin und Matthias aus dem Leben ihres Sohnes, Jahr für Jahr. Damit werden sie fühlbar für die Menschen, die ja vielfach auch Eltern sind. Und die Gemeinschaft trauert mit ihnen. „Natürlich haben alle auf mich und uns geschaut. Denn wir standen ja für das Schlimmste, was Eltern überhaupt erfahren können." Diese Blicke waren voller Fragen: Was passiert mit einem Menschen, wenn das eigene Kind stirbt? Kann man das überleben, ohne krank oder verrückt zu werden, ohne sich aufzugeben oder selbst zu sterben? „Ich habe das nur geschafft, weil ich mich innerlich verbunden habe mit meiner spirituellen Lehrerin, weil ich ihr vertraut habe. Sie war diejenige, der ich die höchste Kompetenz gegeben habe, so wie sie im Leben steht, mit ihrer spirituellen Kraft. Sie war meine Stütze und die Größe, an der ich mich orientieren konnte", sagt Karin.

Aber auch mit dieser Stütze und dem Trost, den sie erfährt, fällt Karin in eine Depression. Sie verschließt ihr Herz gegenüber den Menschen, hadert lange damit, dass sie sich nicht von der Gemeinschaft getragen fühlt in dieser Zeit. „Für viele Menschen war ich viel zu gefährlich, als dass sie sich auf mich hätten einlassen können. Sie haben mich in Ruhe gelassen, ganz respektvoll. Aber es hätte mir vielleicht gutgetan, wenn sich jemand getraut hätte, auf mich zuzugehen und zu mir durchzudringen. So habe ich mich sehr allein gefühlt", erinnert sie sich. Und weiß zugleich, dass sie auch keinen an sich herangelassen hat, sie auch nichts dafür getan hat, dass man ihr nah begegnen kann. Und sie zweifelte nie daran, dass sie zu dieser Gemeinschaft gehört.

Sie stürzt sich in die Arbeit, begleitet Geburten, obwohl sie denkt, dass sie es gar nicht kann, aber die schwangeren Frauen vertrauen ihr. In ihrer Professionalität ist sie sich sicher und das viele Tun hilft ihr, zu verdrängen, um überhaupt mit dem Schmerz zurechtzukommen. In dieser Zeit wird auch das KinderHeilhaus fertig gebaut. Karin arbeitet auch hier mit, hilft bei der Gestaltung der Südwand im Abschiedsraum, trägt wieder und wieder Farbe auf, bis die Wand in einem heller werdenden Petrol erscheint. „Es war wichtig für mich, im Kinder-Heilhaus bauend tätig zu sein, insbesondere im Abschiedsraum. So konnte ich meiner Trauer eine Form geben."

Sieben Jahre nach dem Tod Jonathans schließt sich der Kreis für Karin. Sie ist allmählich aufgetaucht aus ihrer Depression, auch wenn der Schmerz immer bleiben wird. Sie lebt in der Siedlung am Heilhaus, kann sich den Menschen wieder mehr zuwenden.

Jonathans Tod und die Erfahrungen, die Karin in ihrer Trauer und ihrem Schmerz gemacht hat, sind auch Inspiration und Kraftquelle für die eigene Arbeit mit Eltern von Kindern, die nicht zum Leben geboren werden. „Ich schöpfe daraus und gebe weiter, was ich gelernt habe. Dass die Menschen ihren Schmerz so leben können, wie es ihnen ganz individuell entspricht. Nur so können sie wirklichen Trost finden." Dafür setzt sich Karin ein, mit all ihrer Kraft, Kreativität und Überzeugungskraft. „Da ist so eine Klarheit und Furchtlosigkeit in mir und ich weiß, dass ich ganz authentisch bin, wenn ich mich für diese Eltern einsetze." Sie gibt ihnen Bilder, versucht ihnen zu helfen, sich mit den eigenen Gefühlen und Wünschen zu verbinden, um das zu finden, was für sie jetzt notwendig und tröstlich und gut ist. Dafür setzt sie sich ein, mutig, wenn nötig auch vehement. „Fraglos für diese Menschen da zu sein, das gehört zu mir – das bin ich. Dafür habe ich in den letzten Jahren sehr viel Stärke bekommen. – Das ist Jonathans Geschenk an mich und damit an die Welt."

# Wächter der Trauer

*Jürgen Dahlfeld arbeitet als Schreiner und Bestatter.*

Als Jürgen Dahlfeld vor 20 Jahren auf den Gewerbehof Clasen in Kassel kam, wo auch das Heilhaus angesiedelt ist, hatte er vom Zentrum für Lebensenergie zwar schon einmal gehört, kannte es aber nicht. Er bewarb sich auf eine Stellenanzeige als Schreiner bei „Form und Gestalt", einem Betrieb, dessen Inhaber Gründungsmitglieder des Vereins Freundeskreis für Lebensenergie waren. Er bekam nicht nur den Arbeitsplatz, sondern fand auch eine spirituelle Heimat. Quasi zu seiner Volljährigkeit auf dem Hof meldet Jürgen sein Gewerbe als Bestatter an und hat damit seine Berufung gefunden. Dass das so ist, hat viele Gründe: seine wachsende Verbundenheit mit der Vision von der Einheit von Geburt, Leben und Sterben, persönliche Erfahrungen und die Nachfrage nach einem speziellen Produkt: Särgen.
Es ist der Job, der ihn 1995 in die Nachbarschaft des Heilhauses bringt. Und mit der Anbindung des Betriebs an das Zentrum für Lebensenergie, dem regelmäßigen Mittagstisch und den vielen Gesprächen mit Menschen, die dort ein und aus gehen, dauert es nicht lange, bis Jürgen den Wunsch hat, selbst Ursa Paul kennenzulernen. Und er stößt auf ein Welt- und Menschenbild, das er immer gesucht hat. Es ist dann keine Frage mehr für ihn, sich hier einzulassen, lernen zu wollen, in diesem Umfeld Selbsterfahrung zu suchen. Er nimmt an Gruppen und Workshops teil und hat schließlich auch einen

Platz in einer Ausbildungsgruppe von Ursa Paul. Über diesen Weg eröffnet sich ihm ein Gefühl dafür, was es heißt, eingebunden zu sein in diesen Kreislauf von Werden und Sterben. Es wächst sein Glaube an die spirituelle Dimension des Lebens, an Seele, Übergang und die Verbundenheit mit einer höheren Kraft. Und es entsteht die Gewissheit, dass er seiner Intuition, seiner Wahrnehmung von Menschen und Situationen vertrauen kann.

Insbesondere die Nähe von Geburt und Tod verbindet Jürgen mit dem, was ihm im Leben passiert. Ein Beispiel: Zur Jahrtausendwende muss der Betrieb, in dem er arbeitet, Konkurs anmelden und natürlich hat Jürgen Angst um seinen Arbeitsplatz. Und er spürt, dass er die Anbindung an das Heilhaus in seinem Beruf als Schreiner nicht mehr missen möchte. Dass er die Werkstatt erhalten und weiter mit seinem Schreinerkollegen Gerd Steins-Christen zusammenarbeiten will. „Als mir das vom Herzen her klar war, dauerte es nur wenige Wochen, bis mein Wunsch Wirklichkeit wurde“, erinnert er sich. Gerd ist bereit zur Zusammenarbeit, Jürgen kann sich zu günstigen Konditionen das notwendige Geld leihen und wagt mit dem Neuanfang als Schreinerei den Schritt in die Selbstständigkeit. Und kurze Zeit später lernt er Ester kennen, seine jetzige Frau, die als Schreinerin auf Wanderschaft eine Werkstatt sucht, um einen Auftrag umzusetzen.

Das Produkt Sarg gibt es da schon. In der Regel werden Särge in Deutschland industriell gefertigt, nicht nur aus Kostengründen, sondern vielleicht auch, weil sich nicht so viele Menschen handwerklich auf dieses spezielle Werkstück einlassen wollen. Bei Gerd Steins-Christen war es die persönliche Betroffenheit, als seine Frau ein totes Kind zu Welt brachte, dem er als Vater seine ganze Liebe in Form eines Sarges mit auf den Weg geben wollte. Nur wenige Wochen nach dem eigenen Trauerfall fragte die Klinik, in der seine Frau entbunden hatte, bei ihm an, ob sie eine Familie zu ihm schicken könnten, die ebenfalls ein Kind verloren habe. Und der Bestatter, der beide Beerdigungen begleitete, bestellte ebenfalls einige Exemplare des ungewöhnlich gestalteten Sarges – er hatte die Form einer Welle – für den eigenen Betrieb.

Damit war dieses Arbeitsfeld geboren und es kamen immer wieder Anfragen von Vereinsmitgliedern, wenn Angehörige gestorben waren. So entstanden die erste Urne und der erste Erwachsenensarg. Dabei ging es den Schreinern darum, etwas zu erschaffen, das ihr Verständnis vom Übergang in eine andere Welt in der Gestaltung zum Ausdruck bringt. Die Gefäße sollten eine sich öffnende Form bekommen, von schlichter Schönheit, die Raum lässt für individuelle Gestaltung mit Blumen, Bemalung oder einem Tuch. Als sie sich entschließen, nicht mehr bei akutem Bedarf alles stehen und liegen zu lassen, um dann in wenigen Tagen ein stimmiges Behältnis abzuliefern, sondern Särge in ihr reguläres Angebot aufzunehmen, entwickeln sie die Formen weiter. Insbesondere verschiedene Größen und Gestaltungen für Kindersärge liegen ihnen am Herzen. Es entsteht ein „Schiffchen" für die ganz kleinen, unreifen Babys und auch der Sarg für größere Kinder bekommt eine neue Gestalt. Die Abschiedsgefäße sollen den Eltern die Möglichkeit geben, ihr totes Kind im Arm zu halten und zu wiegen, so wie sie es mit einem lebenden Kind auch tun würden. Meist wählen sie als Material die Tanne, ein helles, leichtes Holz. Außerdem galt die immergrüne Tanne bei den Kelten als Symbol für Tod und Wiedergeburt.

Einen Sarg zu bauen ist immer etwas Spezielles. Einerseits ist es ein Produkt mit einer wirtschaftlichen und ganz praktischen Ebene. Man kann in der Schreinerei Auftragslücken überbrücken, ganze Särge auf Vorrat bauen, wenn gerade nichts anderes zu tun ist, oder Fertigteile vorbereiten. In größerer Stückzahl gefertigt, sinkt auch der Preis. Andererseits ist immer klar, dass in diesem Produkt ein toter Mensch liegen wird. „Wenn ich an einem Sarg arbeite, verbinde ich mich mit diesem Sinn", sagt Jürgen. „Ich bin immer berührbar für das, was es ist und was damit geschieht." Der Sarg soll zum Anfassen einladen, denn Herz und Tastsinn gehören zusammen und das Unfassbare lässt sich eher be-greifen als verstehen. Und der Sarg soll schön sein, auch wenn er nur wenige Stunden als Gebrauchsgegenstand Beachtung findet – er kommt immer in einer Ausnahmesituation zum Einsatz, und es ist das letzte Bild, das die Angehörigen in ihrem Abschied haben.

Jürgen lässt sich gern berühren, weil er selbst die Berührungsangst vor dem Tod durch eigene Erfahrungen verloren hat. Drei Fehlgeburten müssen Jürgen und Ester durchleiden. Alle drei Kinder gehen in einer sehr frühen Phase der Schwangerschaft – und jeder Abschied, jeder Schmerz ist anders und neu. In dieser Zeit entsteht auch das KinderHeilhaus, wo alle Kinder willkommen sind – die zum Leben geborenen genauso wie die nicht zum Leben geborenen. Beim Umbau der Räume sind insbesondere die Menschen eingeladen mitzuhelfen, die selbst ein Kind verloren haben, gleichgültig in welcher Woche der Schwangerschaft oder wie alt das Kind auf Erden wurde. „Bei den Abbrucharbeiten haben Ester und ich unsere Trauer, aber auch unsere Wut über diesen Verlust ausgelebt. Zu wissen, dass wir dazu beitragen, dass dort ein Abschiedsraum für genau diesen Schmerz entsteht, hat unglaublich gutgetan."

Auch als das erste gemeinsame Kind schließlich 2007 auf die Welt kommt, sind Geburt und Tod nah beieinander. Juri wäre bei der Geburt fast gestorben, drei Tage lang ist nicht klar, ob er leben würde. Das Baby liegt auf der Intensivstation, wird ins künstliche Koma gelegt. Jürgen erzählt seinem kleinen Sohn von den drei Geschwistern, die alle gegangen sind. Im Bettchen daneben liegt ein neugeborenes Mädchen, das im Mutterleib zwei Monate neben ihrem toten Zwillingsbruder verbracht hatte. „Ich saß mitten in der Nacht ungestört auf dieser Intensivstation und weinte und war gleichzeitig ganz glücklich über dieses Wunder Leben." Zwei Wochen später können Ester und Jürgen ihren Sohn gesund mit nach Hause nehmen.

Schließlich ist da der Tod eines Cousins, der für Jürgen in der Kindheit wie ein großer Bruder war. Dieser Cousin war in seinem Leben völlig abgerutscht – Drogen, Gewalt, Psychiatrie, Gefängnis. Er stirbt vereinsamt und wird anonym beigesetzt. In Jürgens Heimatdorf gibt es keinen Abschied, keine Todesanzeige, niemand spricht über dieses Sterben. In dem alten System des Dorfes kann Jürgen nichts tun, aber er bittet Ursa Paul um ein Abschiedsritual für den toten Cousin. „Ursa hat seine Seele in dieser rituellen Handlung hinüber in die andere Welt geführt." So hat es Jürgen empfunden. „Meine Erfahrung geht nicht über den Verstand, sie kommt über das Spüren, Glauben und tiefes Wissen."

Gleichzeitig wird ihm deutlich, dass es Menschen braucht, die sich der Verstorbenen und der Angehörigen annehmen. In Jürgen wächst nach und nach der Wunsch, dies selbst zu tun. Zumal er aus Erfahrung weiß, wie schwer es ist, einen Bestatter zu finden, der die Eltern verstorbener Kinder aus seiner Sicht angemessen begleitet. Außerdem führen die Unternehmen ungern eine Beerdigung durch, wenn der Sarg nicht bei ihnen gekauft wurde. Bei einem Bestatter aus dem Umland kann Jürgen Erfahrungen sammeln. Er begleitet trauernde Freunde und Bekannte bei deren Gesprächen mit Bestattungsinstituten und wächst darüber mehr und mehr in die Arbeit hinein, übernimmt immer mehr Aufgaben. Und er erfährt, dass es abweichende Überzeugungen gibt, was richtig ist und was nicht. Ist es einer erwachsenen Tochter zuzumuten, die eigene Mutter noch einmal zu sehen, die in einem heißen Sommer erst nach zwei Tagen tot aufgefunden wird? Die Tochter möchte das unbedingt und Jürgen ermöglicht ihr den Abschied am offenen Sarg. Für Jürgen fühlt es sich heilsam für beide an: dass die Tochter ihrer Mutter diese Ehre erweist, sie so anzusehen, sie, die Mutter, die ein Leben lang psychische Probleme und eine Scheu vor dem Leben hatte, nachdem sie als Kind im Krieg verschüttet worden war. Und die Tochter ist dankbar für diesen Abschied, hilft Jürgen, den Sarg zuzuschrauben. Dem beauftragten Bestatter geht das zu nah.

„Ich brauche und will diese Form der professionellen Distanz nicht. Das ist nicht meine Art der Begleitung", sagt Jürgen. Er ist und will berührbar sein, um mitfühlend den Hinterbliebenen zur Seite zu stehen. Er sieht seine Aufgabe nicht nur darin, zu organisieren – natürlich will alles Notwendige bedacht sein – aber das ist nicht das Wesentliche. Jürgen will die Menschen in ihrer Trauer und ihrem Abschied in aller Einfachheit begleiten, ihnen Möglichkeiten eröffnen. Den Menschen gerecht werden – das kann bedeuten, der Mutter, deren Kind zwei Tage nach der Geburt stirbt, einfach Zeit zu geben. „Diese Frau hat nicht nur ihr Kind verloren, sie ist auch Wöchnerin und muss sich von den Strapazen der Geburt erst erholen, bevor sie die Kraft hat, sich zu verabschieden." Das kann auch bedeuten, dem Schreinersohn, dessen Vater gestorben ist, anzubieten, gemeinsam mit ihm die Urne für die Asche des Toten zu bauen, in diesem praktischen Tun Abschied zu nehmen und dem Vater eine besondere Ehre zu erweisen. Oder es kann bedeuten, den Vater eines toten Babys für eine Zeit in der Pathologie allein zu lassen – „es sind die einzigen Minuten, die dieser Mann mit seinem Sohn ungestört ist".

„Ich komme immer in Ausnahmesituationen, selbst wenn das

Sterben schon lange erwartet wird. Es braucht die Beziehung, damit sich die Menschen anvertrauen können, damit ich schlicht an ihrer Seite sein kann, als Wächter ihrer Trauer. Dann ist es auch keine Frage, wann es mich vorne braucht, wann ich zurücktrete und wann es mich gar nicht braucht. Wann es gut ist zu sprechen oder zu schweigen."
Jürgen macht diese Arbeit glücklich, in ihr kommen Beruf und Berufung zusammen. „In der Begleitung der Toten und ihrer Angehörigen lebe ich das, was ich im Heilhaus erfahren und gelernt habe. Und indem ich es tue, bringe ich das Heilhaus in die Welt."

# Die Liebe ist immer da

*Agnes Deckers entdeckt Gemeinschaftsbildung als spirituellen Übungsweg.*

Auf dem spirituellen Weg war Agnes schon viele Jahre, in einer Gemeinschaft in Berlin, mit einem spirituellen Lehrer, und „beim Möhrenschälen“ mit einer Freundin, die ebenfalls Kinder hatte, während die Berliner Freunde nach Indien reisten und Ashrams und Gurus aufsuchten. Als ihr Mann 1992 von einem ersten Besuch im Kasseler Zentrum für Lebensenergie zurückkam, genügte ihr ein Blick, um zu erkennen, dass er anders war. Und sie wusste, dass sie auch dorthin gehen wollte. Gleich beim ersten Treffen spürte Agnes, dass Ursa Paul ihre spirituelle Lehrerin sein sollte, weil sie den Wunsch hatte, zu lernen, „ein Instrument für die Kraft zu sein“ – das war ihr Bild damals.

„Die ganze Skepsis gegenüber dem spirituellen Weg, geprägt durch meine katholische Kindheit und die politische Arbeit in der linken Szene und in der Frauenbewegung, hatte ich bereits abgearbeitet. Und ich hatte auch schon viele Klärungen erlebt und Hürden genommen. Aber viele kamen auch erst später. Denn was es heißt, ein solches Instrument zu sein“, hat die studierte Sozialwissenschaftlerin und Therapeutin selbst erfahren: „Man lernt es erst beim Gehen.“

Sich selbst kennenzulernen, vor allem die eigenen Schattenseiten – und trotzdem weiterzugehen. Sich abzuschleifen. Lernen, sich selbst zu verzeihen. Da ist die spirituelle Ausbildungsgrup-

pe bei Ursa Paul nur ein Ort des Lernens. Die größte Herausforderung für Agnes – „etwas, was ich gar nicht wollte“ – war die Sache mit der Gemeinschaftsbildung. Aber es war ihr klar, dass das zu Ursa Pauls Vision untrennbar gehört und auch von ihr vorgelebt wird. So war es ein Herantasten über die Zeit, in der sie das Heilhaus und die Menschen des Trägervereins „Freundeskreis für Lebensenergie“ immer besser kennenlernt und erlebt, wie dort Gemeinschaft gelebt, darum gerungen und immer wieder neu versucht wird. Beim gemeinsamen Aufbau des Heilhauses, beim Weihnachtsmarkt, bei Hoffesten. Oder im begleitenden Team von Heiltagen, an denen 60, 70 Menschen teilnehmen, um gemeinsam Energiearbeit zu praktizieren. Diese Tage werden von Ursa Paul angeleitet, aber es braucht ganz viel praktische Hilfe, damit ein solcher Tag rundum gut gelingt. Dazu finden sich ehrenamtliche Teams von vielleicht 30 Menschen, die die Räume für die vielen Besucher herrichten, das Essen vorbereiten, am Tag selbst einzelnen Menschen zur Seite stehen oder meditieren, Gastkinder betreuen und die Mahlzeit servieren. Und am Abend alles wieder aufräumen.
Aus eigenem Antrieb hätte sich Agnes dieses Übungsfeld niemals ausgesucht, größere Menschengruppen waren nie ihr Ding. Aber als Schülerin von Ursa Paul war klar, dass gemeinschaftliches Tun zur spirituellen Entwicklung dazugehört. Und inzwischen ist Agnes eine große Verfechterin der Gemeinschaftsbildung als spirituellem Übungsweg. „Ich habe so oft die Erfahrung gemacht, wie beglückend es ist, gemeinschaftlich tätig zu sein, beispielsweise beim Heiltag oder in der Heilwoche. Egal was man dann tut, auf welchem Platz man ist – über das gemeinsame Tun entsteht eine besondere, eine starke Verbindung zwischen den Menschen, die alle auf ihre Weise im Kraftfeld des Heilhauses dazu beitragen, dass die Teilneh-

mer innehalten, sich selbst nah sind und Heilsames geschehen kann.
Gleichzeitig ist es nicht nur schön, mit vielen anderen zusammen einer gemeinsamen Sache zu dienen. Natürlich passieren immer wieder Fehler, was einerseits bedauerlich ist und auf der anderen Seite vielfältige Möglichkeiten für (Selbst-)Erkenntnis und Weiterentwicklung bietet. „Gerade wenn ich versuche, Spiritualität im Alltag zu leben, beispielsweise wenn ich beim Heiltag helfe, ist das immer auch eine Suche, mich selbst infrage zu stellen, mich zu läutern und geläutert zu werden", sagt Agnes. „Den spirituellen Weg zu gehen ist kein Zuckerschlecken. Es braucht den Mut, sich immer wieder selbst zu begegnen, Schrittchen für Schrittchen."
Und es braucht Konsequenz: „Was hat Ursa Paul schon mit uns geackert. Es hat ja immer eine große Wirkung, wenn sie etwas zu uns sagt, aber es dauert manchmal lange, bis man endlich irgendwann den Schritt tut, sich zu verändern, im Verhalten, Denken oder Fühlen."
In der Regel vollziehen sich solche Veränderungen schleichend. Über die vielen Jahre zeigen sie sich dann deutlicher. Agnes macht ihre Entwicklung an drei wesentlichen Punkten fest: „Ich habe gelernt, den Menschen mehr mit dem Herzen zu begegnen, lebe mehr meine Herzlichkeit. Ich gebe dem Fühlen und Spüren mehr Raum in meinem Leben. Demut hat eine hohe Qualität für mich. Und mit nichts bin ich fertig."
Und sie hat gelernt, das Leben als etwas zu sehen, das einem gibt – und nimmt. Ganz deutlich ist das, als sie im November 2009, kurz vor ihrem 60. Geburtstag, an einem Hirntumor erkrankt. „Natürlich ist es schrecklich, so einen Krebs im Kopf zu haben, aber mit der Anbindung an meine spirituelle Lehrerin glaube ich inzwischen, dass mir die Krankheit etwas gibt, dass sie auch sinnhaft ist, dass es genauso wertvoll ist, mit ihr

zu leben wie ohne sie. Mit dieser Krankheit zu gehen, bedeutet eine große Beugung für mich – ich kann gar nicht anders." Und natürlich möchte sie gern leben.
Die Heilhausbewegung weiter mitgestalten, den Bau des Hauses der Mitte unterstützen, die eigene Tatkraft und Kreativität dort einbringen, Menschen im Krankenhaus besuchen und die Nährsystemarbeit, die Ursa Paul entwickelte, dorthin bringen. So vieles würde sie noch gern tun. „Aber wenn einiges nicht geht, weil ich früher sterbe oder immer schwächer werde, dann ist das kein Minus, sondern etwas anderes. Aus dieser Bewertung bin ich ein Stück weit raus – aber auch damit bin ich noch längst nicht am Ende." Von einer höheren Ebene, so Agnes, ist es egal, ob sie mit den vielen Dingen, die sie auf ihrem spirituellen Weg gelernt hat, weiter ins Leben geht – oder ins Sterben. Im Moment jedenfalls sieht sie das so. Und es hat etwas Tröstliches, weil es sich trotzdem lohnt, zu leben und gelebt zu haben.
„Das Leben zu leben, ohne zu wissen, wie lange es noch geht – das weiß ja keiner. Aber in meiner Situation ist es noch mal anders, mit der Möglichkeit, dass es schneller geht. Das finde ich immer wieder schwierig." Was Agnes Sicherheit gibt, ist das Vertrauen auf das, was sie über die Jahre bei Ursa Paul gelernt hat: dass die Liebe immer da ist, egal wo es hingeht. „Ich brauche keine Angst zu haben, verlassen zu sein."
Die andere Seite der Krankheit ist, dass sie so viel von den Menschen der Gemeinschaft bekommt. Nach der ersten Operation kommt Ursa Paul auf die Intensivstation, um Agnes bei ihrer Heilung zu unterstützen. Bevor die kombinierte Chemo- und Strahlentherapie losgeht, verbringt sie eine Woche im Heilhaus in Kassel und genießt die liebevolle Versorgung, die gesunde Ernährung, den bequemen Sessel in ihrem schönen Zimmer. Und dass da so viele Menschen sind, denen es offen-

sichtlich am Herzen liegt, dass es ihr wieder gut gehen möge. Während der siebenwöchigen Therapie ist immer jemand aus dem Berliner Freundeskreis bei ihr, um sie ins Krankenhaus zu begleiten, ihr anschließend an die Bestrahlung zu Hause eine Aurareinigung zu geben, für sie zu kochen und sie zu umsorgen. – Immer wieder muss sich Agnes daran erinnern, dass sie das auch für andere Menschen getan hat, um das Viele überhaupt annehmen zu können. „Und ich habe es so gebraucht."
Ein halbes Jahr später die zweite Operation, der Tumor ist nachgewachsen. Zum Glück sitzt er direkt hinter der Stirn und ist überhaupt operabel. Dann ist erst mal Ruhe, kein Rezidiv. Es geht ihr besser, auch wenn Agnes' Belastbarkeit deutlich nachgelassen hat, sie nicht lange reden kann und sie sich ihre Kräfte gut einteilen muss. Mit ihrem Mann Matthias will sie nach Kassel ziehen, in eines der neuen Häuser der Siedlung am Heilhaus. Weil sie sich dort im Nabel der Heilhausbewegung fühlt. „Vielleicht werde ich 100 Jahre alt – und vielleicht auch gar nicht. Aber auf irgendeine Art möchte ich gern noch mithelfen, dass die Heilhausbewegung weiter wächst und in die Welt strahlt. Dass die Menschen kommen und merken, was für ein Geschenk das ist."

---

*Im Oktober 2011 stirbt Agnes an den Folgen des Hirntumors. 100 Jahre ist sie nicht geworden. Aber auf ihre Weise unterstützt sie das Heilhaus heute noch: Sie wolle die Botschafterin des Heilhauses im Himmel sein, sagte Agnes kurz vor ihrem Tod.*

# Den Tanz seines Lebens tanzen

*Kai K. wohnt im Betreuten Wohnen und hat Chorea Huntington.*

Es war schwer für Kai K., in die Siedlung am Heilhaus zu ziehen, sehr schwer – obwohl er das Heilhaus kannte und schätzte, obwohl er jahrelang mit seiner früheren Frau und Mutter seiner Kinder in einer Gruppe für Paare von Ursa Paul war. Viel lieber wäre er in Eutin wohnen geblieben, am Großen Plöner See in der Nähe seiner Schwester Marie-Theres. Aber Kai konnte nicht mehr alleine leben und für sich sorgen, er brauchte mehr und mehr Unterstützung im Alltag, dringend. Als Alternativen wären nur die Psychiatrie oder ein spezielles Heim infrage gekommen – für Kai der absolute Horror. Dann doch lieber dieser schwere Schritt.

Kai K. ist an Chorea Huntington erkrankt, eine erblich bedingte Krankheit des zentralen Nervensystems, die erst im Erwachsenenalter ausbricht und Motorik, Sprachfähigkeit und Denkvermögen des Betroffenen immer stärker beeinträchtigt und schließlich zu einer völligen Veränderung der Persönlichkeit führt. Im Volksmund wird die Krankheit Veitstanz genannt, weil die Erkrankten im fortgeschrittenen Stadium nicht mehr zur Ruhe kommen und die Bewegungen immer ausladender und unkontrollierter werden. Auch seine Mutter hatte Chorea Huntington. Sie wusste lange nicht, was mit ihr los ist, denn die Ärzte stellten erst spät die richtige Diagnose. Nach ihrem Tod 1982 engagiert sich Kai intensiv in Selbsthilfegruppen, ist

Mitbegründer eines Huntington-Netzwerks und setzt sich für die Entwicklung eines Testverfahrens ein, das den – möglicherweise – Betroffenen Gewissheit gibt.
1997 lässt er sich selbst testen. Und das Ergebnis ist ein großer Schock: Auch er ist Träger des Chorea-Huntington-Gens. „Es ist erschreckend, so ein klares Ziel vor Augen zu haben. Dabei ist es nicht das Sterben, das mich schreckt. Es sind die vielen Tode davor. Zu wissen, dass ich alle meine Fähigkeiten, Möglichkeiten und Kenntnisse, alles, was ich kann und bin, verlieren werde“, sagt er 2004 dem Filmemacher Bernd Thomas, der einen Dokumentarfilm über Kai dreht und ihn viele Jahre immer wieder filmisch begleitet. Anfangs macht es ihn panisch zu wissen, was auf ihn zukommt, manchmal ist es leichter. Schließlich lernt er, die Krankheit immer mehr anzunehmen. „Da hat der Kampf aufgehört. Und ich habe gelernt, Heilung in mir selbst zu erfahren und Frieden zu finden.“ Zumindest immer wieder, immer mehr, immer öfter.
Die Krankheit tritt schleichend in sein Leben, erste Symptome zeigen sich Anfang der 1990er-Jahre. Damals arbeitet Kai als Physiotherapeut, Bewegung ist sein Lebensinhalt und sein Weg, tiefe spirituelle Erfahrungen zu machen. „In der Bewegung ist jede Zelle Glück und Freude – reine Harmonie.“ So empfindet Kai und entwickelt eine eigene Methode, sich seiner Bewegung bewusster zu werden – das „Bewegungslabor“.
Das alltägliche Zusammenleben aber wird immer schwieriger, manchmal zieht er sich ganz zurück von der Familie, manchmal ist er sehr niedergeschlagen, manchmal eher aggressiv. Immer wieder kommt es zu Auseinandersetzungen darüber, was Kai noch tun kann und was nicht. Auto- oder Motorradfahren zum Beispiel. Es fällt Kai nicht leicht, sich einzugestehen, dass er sich und andere damit gefährdet. Bei einem schweren Unfall auf der Autobahn, als Kai am Steuer sitzt und alle

drei Kinder mit im Fahrzeug sind, kommt glücklicherweise niemand ernsthaft zu Schaden. Einige Jahre gehen Kai und seine Frau Anne in eine Gruppe für Paare bei Ursa Paul – für Kai später ein wichtiger Anknüpfungspunkt in Kassel. 2002 trennt sich seine Frau und geht mit den Kindern zurück in ihre alte Heimat. Kai zieht nach Eutin, wo seine Schwester Marie-Theres mit ihrem Mann und ihren Kindern lebt.

Marie-Theres kümmert sich sehr um ihren Bruder und es sind turbulente, schwierige Jahre. 2009 kann Kai eigentlich nicht mehr allein wohnen. Zusammen suchen sie nach einem guten Lebensort. In den Altenheimen, in denen sie fragen, ist kein Platz für ihn, der Aufenthalt in einer Spezialstation für Huntington-Kranke in Schleswig-Holstein scheitert – so krank sei er nicht. Zeitgleich wird das Betreute Wohnen im Heilhaus aufgebaut und Marie-Theres meldet ihn dort an. In zwei Probeaufenthalten prüfen beide Seiten, ob Kai in der Siedlung leben kann.

Im November 2009 zieht er mit großem Widerstand in seine eigene Wohnung im sogenannten „Haus des Herzens“ in der Siedlung. „Wir hatten die Wohnung mit seinen Sachen so schön eingerichtet“, erinnert sich Marie-Theres. „Aber Kai wollte das alles nicht sehen und ging demonstrativ rückwärts hinein.“ Anfangs ist er mehrmals abgehauen, ohne Geld und Papiere mit dem Zug nach Berlin gefahren. Das hat sich gelegt und Kai muss einsehen, dass es mit dem Fortschreiten der Krankheit nicht mehr nur nach seinem Willen gehen kann.

Wobei die ambulante Pflege im Heilhaus versucht, seinem größten Wunsch – so viel Selbstständigkeit und Freiheit wie möglich – Rechnung zu tragen. So will er zunächst auf keinen Fall Medikamente nehmen. Das Beispiel der ruhiggestellten Mutter schreckt ihn, er hat Angst, die Pillen könnten ihn benebeln und taub stellen. Auf Dauer ist das aber auch im Heilhaus nicht aufrechtzuerhalten, Kais Bewegungen werden immer unsicherer, er stürzt auf der Treppe und wird in seinem Verhalten immer aggressiver. Schmerzlich muss er lernen, dass es ohne nicht mehr geht: Er wird in die Psychiatrie eingewiesen und dort medikamentös so eingestellt, dass die Spannungszustände in seinem Körper etwas abgemildert sind und er umgänglicher ist.

Immer wird versucht, gemeinsam mit ihm eine Lösung zu finden – Kai soll sich nicht bevormundet fühlen. So auch beim Thema Rauchen. Kai ist starker Raucher und in seiner Wohnung und auf dem Heilhausgelände wird das nie infrage gestellt. Mit der Zeit reicht seine Koordinationsfähigkeit nicht mehr aus – zahllose Brandflecken auf dem kleinen Holztisch in seinem Wohnzimmer belegen die vielen fehlgeschlagenen Versuche, eine Zigarette im Aschenbecher abzulegen oder auszudrücken. Als es fast zu einem Wohnungsbrand kommt, weil er zunächst nicht bemerkt, dass eine Zigarette sein geliebtes, neu bezogenes Sofa ankokelt, flüchtet er panisch aus der Wohnung. Seither gilt das Konzept „Rauchen in Gemeinschaft" – Kai hat selbst keine Zigaretten und kein Feuerzeug mehr, aber wenn er rauchen will, leistet ihm jemand Gesellschaft, ist behilflich beim Anzünden und reicht ihm die Zigarette später auch an den Mund. Kai sagt: „Das ist perfekt."

Überhaupt ist das Eingebundensein in die Gemeinschaft der Siedler und der Menschen im Heilhaus von zentraler Bedeutung. „Diese Kontakte sind die Essenz meines Lebens." Einige Menschen kennt er schon von früher, als ihn die Krankheit noch nicht so stark einschränkte, neue Kontakte kommen hinzu. Er bekommt regelmäßig Besuch: Manche Menschen aus dem Freundeskreis haben feste Zeiten, andere kommen spontan. Ein Mann trommelt mit ihm, eine Frau kauft für ihn ein, andere besuchen ihn zum Kaffeetrinken oder zum Fernsehen.

An Heiligabend ist er nach dem gemeinschaftlichen Ritual und Kaffeetrinken in der Siedlung zum Essen eingeladen und er liebt es, bei einem Ausflug im Auto gefahren zu werden. Und wenn Kai zur Meditation ins Heilhaus gehen will, wird er von Nachbarn abgeholt und dorthin begleitet.

Die Meditationen sind ihm wichtig – als Anker für die eigene spirituelle Suche. Seine gelebte Spiritualität begleitet ihn von Kindheit an. In den Sommern auf der Nordseeinsel Juist, wo seine Großeltern lebten, fühlt er sich eins mit den Elementen und spürt die Magie des Seins. Als Jugendlicher geht er jahrelang in einen Bibelkreis, findet dort Antworten auf viele Fragen des Lebens. Schließlich wird er Schüler von Ursa Paul, die ihn intensiv auf seinem Weg mit der Krankheit begleitet. „Es ist meine spirituelle Aufgabe, meine Bestimmung mit der Krankheit zu finden", sagt Kai. Und als Mensch, der Bewegung so liebt, ist die Vorstellung, den Tanz seines Lebens zu tanzen, naheliegend. „Ich habe mich damit schon länger angenommen, sozusagen selbst umarmt. Jetzt geht es darum, auch die anderen Menschen damit zu umarmen."

Mittlerweile ist Kai froh, in der Siedlung am Heilhaus zu leben. Die eigene Wohnung ist sein Reich, das er woanders nicht haben könnte. Dort besucht ihn sein Sohn, der in Kassel studiert, zweimal pro Woche. Dort feiern seine Kinder mit ihm Silvester und übernachten bei ihm. Das ist pures Glück. „Ich genieße das Leben und freue mich daran. Das kann mir Chorea Huntington nicht nehmen."

Im Sommer 2014 verliert Kai immer mehr an Lebenskraft. Der Tod naht. Eines Abends kollabiert er. Über eine Infusion erholt er sich, aber die Atmung bleibt schwer. Es ist Zeit, aus der eigenen Wohnung ins Heilhaus umzuziehen, damit die Pflege ihn noch besser versorgen kann und auch nachts jemand in seiner Nähe ist. In einem Rollstuhl wird er die kurze Strecke ins Heilhaus gefahren. Er hilft mit, wo er kann, wird gebettet und nimmt alle Hilfe, alle Liebe dankbar an. Am nächsten Morgen kommen seine Schwester und nahe Angehörige, auch die erwachsenen Kinder sind da. Kai will unbedingt noch etwas sagen, bringt es aber nicht heraus, wird unruhig. Plötzlich wird spürbar, was er aussprechen will: „Du willst sagen, wie sehr du deine Kinder liebst." Mit dem Klang dieses Satzes wird Kai sofort ruhig. Es stimmt. Dann ist der Tod im Raum.

Eine Weile ist die Familie allein bei Kai. Dann wird er behutsam gewaschen, in seinem Bett aufgebahrt, mit Blumen geschmückt. Viele Nachbarn und Freunde kommen, um Abschied zu nehmen. Als der Sarg hinausgetragen wird, versammeln sich die Menschen der Gemeinschaft. Die Aussegnung ist ein Moment des Abschiednehmens, ein Innehalten und im Herzen zulassen, dass der Tod zu uns, in das Leben gehört und wir in dieser Wirklichkeit verbunden sind. Gemeinsam singen die Menschen Asurische Gesänge, die tröstlich sind, weil sie das Eingebundensein in einen größeren Zusammenhang fühlbar machen. Kai liebte diese Gesänge.

---

*Dass die Menschen aus der Heilhausbewegung sich so um Kai kümmerten, hat zum einen mit Sympathie und Freundschaft zu tun. Zum anderen ist es Teil der Vision von der Einheit von Geburt, Leben und Sterben, jeden Menschen in der Gemeinschaft so anzunehmen, wie er ist. Wenn ein Mensch wie Kai viel Unterstützung, Aufmerksamkeit und Betreuung braucht, dann ist das nicht nur Sache der Profis der ambulanten Pflege im Heilhaus, sondern eine Aufgabe, die sich auf viele Schultern verteilt. Und weil die fortschreitende Krankheit immer wieder neue Herausforderungen, neue Aufmerksamkeit erforderte, war das gemeinschaftliche Leben mit Kai ab und zu Thema bei den vierzehntäglichen Freundeskreisabenden im Heilhaus. Dann konnte es sein, dass Mitarbeiter aus der Pflege aus fachlicher Sicht berichteten, wie es um Kai steht, andere erzählten über Erlebnisse und Erfahrungen mit ihm und wieder andere stellten fest, dass sie sich in den letzten Wochen oder Monaten kaum Zeit genommen hatten für eine Begegnung. Ein solcher Austausch erinnert und ermutigt zum Miteinander und zur Mitmenschlichkeit.*

# Getragen von der leisen Kraft

*Wolf Werda war zu Gast im Betreuten Wohnen im Heilhaus.*

Wenn Wolf Werda auf sein Leben zurückschaut, findet er, er habe eigentlich immer Glück gehabt. Selbst die Nervenkrankheit, die ihn von einem Tag auf den anderen von Kopf bis Fuß lähmte und ihn sprachlos in seinem Körper einsperrte, gehört zu diesem Glück. Denn er hat sich damals ganz klar für das Leben entschieden. Und er hat in den vielen Monaten in verschiedenen Krankenhäusern sowie in der Reha viele neue Freundschaften geknüpft, zu Ärzten, Krankenschwestern und Therapeuten – Kontakte, die heute noch bestehen. Er hat das Glück, eine aufwendig sanierte, behindertengerechte Wohnung in Kassel bewohnen zu können. Und bis die Wohnung fertig umgebaut war, wurde er als Gast im Betreuten Wohnen und in der Gemeinschaft der Heilhaussiedlung aufgenommen. Das Guillon-Barre-Syndrom (GBS), das ihn aus heiterem Himmel trifft, ist eine Viruserkrankung und zerstört die peripheren Nerven in unterschiedlichem Ausmaß. Wolf Werda trifft es besonders hart, er ist komplett gelähmt, muss beatmet werden, kann nicht sprechen, nur im Kopf ist er immer klar. Während andere Menschen an einem solchen Zustand verzweifeln, wählt er in sich einen anderen Weg: „Ich war so nah am Tod, dass ich wusste, entweder ich gebe mich auf und sterbe, oder ich nehme die ganze Kraft, die mir noch geblieben ist, und entscheide mich zu leben."

Obwohl die Nervenkrankheit sehr selten und wenig erforscht ist, hat Wolf Werda das Glück, auf Ärzte zu treffen, die das Syndrom kennen und ihn therapeutisch und pflegerisch begleiten. Er weiß, dass es Chancen auf eine Verbesserung seines Zustandes gibt, dass auch die abgestorbenen Nerven ganz, ganz langsam nachwachsen können. Darauf setzt er seine Hoffnung und nutzt jede Gelegenheit, seine sprachlichen und körperlichen Fähigkeiten Stück für Stück wiederzugewinnen. Auch wenn es bedeutet, hart gegen sich selbst zu sein und die Zähne vor Schmerzen zusammenbeißen zu müssen. Noch heute macht er jeden Tag eisern seine Übungen, um die Muskeln zu stärken und das Wachstum der Nerven anzuregen: „Natürlich kann es sein, dass ich weiter mit Einschränkungen leben muss, aber freiwillig möchte ich in diesem Zustand nicht verharren. Damit würde ich mich selbst aufgeben."

Ein Jahr nach Auftreten der Krankheit hat Wolf Werda wieder atmen, schlucken und sprechen gelernt, und er kann sich im Rollstuhl bewegen, wieder die Arme heben und viele Kleinigkeiten selbst verrichten, die sonst so selbstverständlich sind. Die Fortschritte sind enorm, aber er braucht nach wie vor sehr viel Pflege, Unterstützung und Hilfe in Alltäglichkeiten. Schon länger hat er sich gemeinsam mit seinen erwachsenen Kindern Gedanken darüber gemacht, wie es nach Krankenhaus und Reha weitergehen könnte. Dabei hat er früh von einem Wohnprojekt der Wohnungsbaugenossenschaft GWG in Kassel auf dem Rothenberg gehört, wo im Siedlungsbestand behindertengerechte Wohnungen eingerichtet werden. So kommt auch der Kontakt mit dem Heilhaus zustande, weil das Heilhaus als Kooperationspartner der GWG in Rothenditmold ein Vorschlagsrecht für die Belegung in dem Wohnprojekt hat. Und Wolf Werda, der als Journalist in zahlreichen Städten in Deutschland gewohnt und sich nach der Pensionierung bewusst für den Umzug nach Kassel entschieden hatte, will unbedingt wieder zurück in die documenta-Stadt. Er recherchiert im Internet, und seine Kinder schauen sich nicht nur das Wohnprojekt der GWG, sondern auch das Heilhaus und die Heilhaussiedlung an.

Als die Reha Ende Juni 2012 überraschend nicht mehr verlängert wird, muss alles ganz schnell gehen. Die Wohnung auf dem Rothenberg ist noch nicht fertig, in ein Alten- oder Pflegeheim will Wolf Werda nicht, dafür umso lieber ins Heilhaus. „Ich hatte viel darüber gelesen und das Menschenbild und der Mehrgenerationengedanke haben mich sehr angezogen. Für mich ist es ein erstrebenswertes Lebensmodell, dass der Verlauf des Lebens von der Geburt bis zum Tod im Wohnen, Arbeiten und im Alltäglichen seinen Ausdruck findet. Da wollte ich hin“, erinnert sich Wolf Werda. Drei Tage später wird er in Bad Wildungen entlassen und kann direkt nach Kassel ins Heilhaus übersiedeln. Dort hat man eine behindertengerechte Wohnung in der Siedlung für ihn hergerichtet, gleich neben einer Krabbelgruppe der Kindergemeinschaft. Dank guter Kontakte ist ein Pflegebett organisiert und alles andere, was man so zum Leben braucht – Bettwäsche, Teller, Besteck, Handtücher. Auf dem Tisch steht ein großer Blumenstrauß als Willkommensgruß.

Die Pflege Wolf Werdas wird über den ambulanten Pflegedienst des Heilhauses abgedeckt, eine hauswirtschaftliche Hilfe kommt zum Aufräumen, Abwaschen, Putzen. Die Allgemeinmedizinerin des Medizinischen Versorgungszentrums des Heilhauses betreut ihn in medizinischen Fragen und die Physiotherapeutin im Heilhaus erstellt Trainingsprogramme für ihn und arbeitet mit ihm gemeinsam an weiteren Fortschritten. Wolf Werda hofft, möglichst bald wieder stehen und vielleicht sogar laufen zu können.

Wolf Werda schätzt diese pflegerisch-therapeutische Begleitung sehr. Mindestens so wichtig ist ihm aber die Einbindung in die Gemeinschaft in der Siedlung. „Der Grad der Selbstständigkeit eines Menschen wird noch größer durch die Gemeinschaft, die ihn trägt, ohne ihn zu fesseln", ist Werda überzeugt. Gerade zu Beginn, als er noch viel mehr Hilfe beispielsweise beim Essen braucht, ist er oft in der Cafeteria. So lernen ihn die Menschen kennen, suchen das Gespräch mit ihm. Er fühlt sich gesehen und angenommen, und die Nachbarn nehmen Anteil an seinem Wohlergehen, sind jederzeit hilfsbereit. „Hier fühle ich mich behütet und beschützt in einer selbstverständlichen und unaufdringlichen Weise."

Von Anfang an ist er eingeladen zu Hausversammlungen. Er nimmt teil am Gemeinschaftsleben, an kulturellen Veranstaltungen, an Ritualen, fühlt sich mehr als Mitbewohner, denn als Gast. Er bekommt Besuche anderer Siedler, ist gefragt in seinen Kompetenzen als Journalist und politisch engagierter Mensch. Im Erzählcafé, einer Veranstaltung des Mehrgenerationenhauses, liest er aus einem seiner Bücher vor. Und er liebt es, den Kindern aus der Krabbelgruppe beim Spielen und Toben zuzusehen.

„Ich habe mich immer wieder gefragt, warum machst du das? Warum kämpfst du so, wieder ins Leben zu kommen? Ich bin davon überzeugt, dass das Leben eine wunderbare Herausforderung ist und dass dieses Wunder Leben von uns erwarten kann, dass wir uns dieses Wunders bewusst sind", sagt Wolf Werda. „Und deshalb bin ich glücklich, dass ich hier im Heilhaus gelandet bin. Denn das hat man hier verstanden."

„Ich fühle mich der Heilhausbewegung so verbunden, weil Bewegung ja immer Energie bedeutet. Und diese Energie ist hier spürbar, das kontinuierliche Wachsen sichtbar. Es ist eine leise Kraft, wie Wasser, das einen harten Stein aushöhlt." Und

diese Verbundenheit hält er aufrecht, auch jetzt, wo er in der neuen Wohnung auf dem Kasseler Rothenberg lebt. Denn, das spürt Wolf Werda, es ist diese leise Kraft, die ihn trägt.
Wenn es wirklich so weit kommen sollte, dass er nicht mehr auf den Rollstuhl angewiesen ist, will Wolf Werda aus seiner schönen, behindertengerechten Wohnung wieder ausziehen. Bestimmt gibt es andere, die auf ein solches Zuhause angewiesen sind. Dann würde er gern wieder in der Heilhaussiedlung leben. Er würde sich dort einbringen und noch ein paar Jahre etwas Sinnvolles tun. Spätestens aber, wenn er gebrechlich ist und es ans Sterben geht, will er zurück ins Heilhaus. Er hat es als Ort kennengelernt und wahrgenommen, wo man in Frieden mit sich selbst und mit der Welt sein Leben beschließen kann. „Etwas Schöneres kann ich mir nicht wünschen."

---

*Seit Januar 2013 wohnt Wolf Werda auf dem Rothenberg. Er wird weiterhin betreut vom ambulanten Pflegedienst des Heilhauses, die Physiotherapeutin arbeitet in der Praxis mit ihm und macht Hausbesuche – man ist in gutem Kontakt.*

# Für alles ist gesorgt

*Elfriede und Günter Wyrwich leben im Betreuten Wohnen in der Heilhaussiedlung.*

Es ist ein spontaner Gedanke am frühen Morgen, als sich Elfriede und Günter Wyrwich entscheiden, nach Kassel zu ziehen. Ihre Tochter Kordula hatte sie gefragt, ob sie nicht zu ihr in die Siedlung am Heilhaus kommen wollen. Es ist kein ganz einfacher Schritt, so wie es selten einfach ist, ein Zuhause und einen Ort zu verlassen, an dem man viele Jahre gut gelebt hat und wo es etliche enge Freunde gibt. Doch als Elfriede und Günter Wyrwich in Kassel ankommen, sind sie froh, diesen Schritt gewagt zu haben.

Die Heimat zu verlassen ist für alte Menschen nie einfach. Und vielleicht ist die neu gewonnene Heimat für Menschen, die nach dem Krieg fliehen mussten und froh waren, an einem fremden Ort aufgenommen zu sein, noch wertvoller. So stammt Günter Wyrwich aus dem Riesengebirge, seine Frau war in Ostberlin aufgewachsen. Als er aus der Gefangenschaft kommt, lassen sie sich in Sulingen, zwischen Bremen und Minden gelegen, nieder und leben dort über 60 Jahre. Die einzige Tochter Kordula ist schon vor vielen Jahren nach Nordhessen gezogen, wohnt mittlerweile in der Siedlung am Heilhaus und arbeitet auch dort. Die räumliche Distanz ist lange kein Problem, Eltern und Tochter besuchen sich regelmäßig. Doch seit sie die 80 überschritten haben, wird für Günter und Elfriede Wyrwich die Fahrt nach Kassel immer beschwerlicher. Und:

Mit zunehmendem Alter stellt sich einfach die Frage: „Was ist, wenn etwas passiert?“ Wer kümmert sich, wer kocht und unterstützt beim Waschen?
Als eine Wohnung im Betreuten Wohnen frei wird, bietet Kordula den Eltern an, zu ihr in die Siedlung zu kommen. Die hübsche 2,5-Zimmer-Wohnung ist etwa genauso groß wie die Eigentumswohnung in Sulingen, aber sie ist barrierefrei und der ambulante Pflegedienst des Heilhauses sofort zur Stelle, wenn er gebraucht wird. Im August 2011 folgt der Umzug und zunächst versorgen sich die Eheleute noch ganz allein, Elfriede Wyrwich kocht jeden Tag. Sechs Monate später kommt es dann zu dem Zwischenfall, der alles verändert: Elfriede Wyrwich stürzt beim Zubettgehen – sie weiß gar nicht, wie ihr geschieht, plötzlich liegt sie auf dem Boden. Erst merkt sie nichts und schläft auch gut. Aber am nächsten Morgen tut ihr alles weh – Beckenbruch. Günter Wyrwich ruft gleich im Pflegebereich an und wenig später ist auch die Ärztin da. Elfriede Wyrwich muss ins Krankenhaus.
Für Günter Wyrwich ist gesorgt. Er geht vom ersten Tag an in die Cafeteria zum Mittagstisch – und das machen sie seither immer so. Als Elfriede Wyrwich aus dem Krankenhaus kommt, braucht sie zunächst zweimal am Tag den ambulanten Pflegedienst, jetzt reicht es, wenn morgens jemand kommt, um ihr beim Waschen und Anziehen zu helfen. Inzwischen musste auch Günter Wyrwich zweimal ins Krankenhaus – und es ist sehr beruhigend, dass für den anderen dann einfach gut gesorgt ist.
In der Siedlung am Heilhaus fühlen sich die beiden Neu-Kasseler sehr wohl. Ganz entscheidend ist natürlich, dass die Tochter in der Nachbarschaft wohnt und fast jeden Tag bei ihnen vorbeischaut, ab und zu zum Abendessen bleibt und einmal die Woche mit ihnen zum Einkaufen fährt oder einen Ausflug

macht. Ganz erstaunt sind sie, dass die Menschen in der Siedlung so freundlich und hilfsbereit sind. „Das habe ich noch nicht erlebt – einmalig", sagt Günter Wyrwich. Die vielen Namen können sie sich nicht merken, aber sie freuen sich, wenn die Menschen sie grüßen, auf einen Schwatz anhalten oder sie beim Mittagessen ansprechen. Und dass bis dahin völlig unbekannte Menschen aus der Siedlung ihnen die neu gekauften Möbel aufbauen, ist natürlich wunderbar.
Auch sonst freuen sie sich über die Anbindung an die Gemeinschaft, ohne selbst eintauchen zu müssen. So kommt beispielsweise eine Frau ab und zu zum gemeinsamen Zeitunglesen vorbei, sie sind zu Geburtstagen eingeladen und mit den Nachbarn sitzen sie im Sommer auf der Terrasse. Besonders genießen sie die Ausflüge, zu denen Bewohner der Heilhaussiedlung die Menschen aus dem Betreuten Wohnen einladen, mal zur Schifffahrt auf der Fulda, mal zum Herkules mit Kaffeetrinken im Ausflugslokal. Regelmäßig nehmen sie am Erzählcafé teil, einer Veranstaltung des Mehrgenerationenhauses, bei dem zumeist ältere Menschen aus ihrem Leben berichten. Ob er nicht selbst auch einmal erzählen wolle? „Na ja, mal sehen", meint Günter Wyrwich. Interessante Geschichten hätte er auf jeden Fall genügend auf Lager.

# Sehnsucht nach Gemeinschaft

*Gudrun Zimmermann war zur Kurzzeitpflege im Heilhaus.*

„Als meine Mutter mit 84 Jahren das erste Mal für vier Wochen zur Pflege ins Heilhaus kommt, ist das eine wirkliche Wende in ihrem Leben", erinnert sich Ulrike Zimmermann. „In nächtelangen Gesprächen mit ehrenamtlichen Betreuern redet sie sich das Trauma ihrer Flucht aus der DDR von der Seele. Und sie findet zu ihrem Glauben zurück." Seit dieser Zeit im Heilhaus kommen Menschen aus dem Netzwerk des Heilhauses im Rhein-Main-Gebiet regelmäßig zu ihr nach Hause in Frankfurt, um ihr Gesellschaft zu leisten und mit ihr zu sprechen.

Es ist zunächst einmal ein organisatorischer Notfall, dass Gudrun Zimmermann überhaupt aus Frankfurt ins Heilhaus kommt. Seit ihrem zweiten Schlaganfall ist sie erblindet, wird mehr und mehr pflegebedürftig und die private Pflegerin, die sich täglich sechs, acht Stunden um Gudrun Zimmermann kümmert, will vier Wochen in Urlaub fahren. Damals liegt Gudrun Zimmermann nur noch im Bett, drei Monate lang und mit geschlossenen Augen. Bei einem Krankenhausaufenthalt hatte sie sich mit dem Norovirus und einer Lungenentzündung angesteckt und ist deshalb so geschwächt, dass die Ärzte sie zum Sterben nach Hause entlassen hatten. Ihre Tochter Ulrike, die ebenfalls in Frankfurt wohnt und sich sehr um die Mutter kümmert, aber als Therapeutin auch voll berufstätig

ist, weiß nicht, wie sie diese Urlaubszeit überbrücken soll. Weil sie dem Heilhaus verbunden und Schülerin von Ursa Paul ist, fragt sie dort nach Hilfe.
Gudrun Zimmermann wird mit dem Krankenwagen nach Kassel gebracht – und blüht dort regelrecht auf. „Sie war nie ein Menschenkind, eher scheu, absolut introvertiert und selbstgenügsam“, beschreibt Ulrike ihre Mutter. Sie war immer sehr beliebt, bei den Freunden der Kinder, auf der Arbeit, bei Kunden. Aber enge Freunde hatte sie nie – vielleicht weil ihr die Freiheit das höchste Gut war. In ihrer Zeit im Heilhaus spürt sie zum ersten Mal die andere Seite – ihre Sehnsucht nach Gemeinschaft, die Einsamkeit, die im Alleinleben liegt. Im Heilhaus wird sie intensiv betreut und liebevoll umsorgt, wie noch nie zuvor in ihrem Leben. Und sie nimmt diese Fürsorge an, kommt zurück ins Leben. Sie steht auf, kann wieder gehen, liebt es, bei den Menschen in der Cafeteria zu sitzen.
Besonders genießt sie, dass die Menschen ihr zuhören. Harry, der ehrenamtlich in der Pflege arbeitet, mag sie besonders gern. Ihm erzählt sie vom Vater, der als Pfarrer von der Gemeinde hoch verehrt wird und zu Hause Frau und Kinder tyrannisiert. Mit ihm spricht sie über die Schrecken der Flucht aus der DDR im Jahr 1957, mit zwei ihrer drei Kinder – das dritte blieb beim Vater im Osten –, und wie sie in der neuen Heimat im katholischen Augsburg als hübsche, evangelische und geschiedene Frau angefeindet und sexuell belästigt wird. „Sie hat ihr ganzes Leben in Gedichtform in zahllose Tagebücher geschrieben, aber erzählt hat sie anderen nie davon. Mit Harry hat sie sich dieses Trauma von der Seele geredet“, sagt Ulrike.
Das einschneidendste Erlebnis ist aber, als Ursa Paul sie begrüßt. „Da bin ich der Liebe begegnet“, berichtet Gudrun Zimmermann später ihrer Tochter. Andere Worte hat sie nicht

dafür, nur tiefe Verehrung. Und den Impuls, sich wieder ihrem Glauben an eine höhere Kraft zuzuwenden. Von Gott hatte sie sich schon lange abgewandt, angesichts einer Kirche, die einen Despoten wie ihren Vater als Pfarrer duldete, und einer Welt voller Krieg und Bigotterie.

Zurück in Frankfurt, so berichtet Ulrike, denkt die Mutter intensiv über die eigenen Schattenseiten nach, spricht mit ihr über den Hass zum Vater, darüber, dass sie oft abwertend und garstig gewesen sei in ihrem Leben. Über das Sprechen kommt sie ins Reine mit sich und irgendwann sagt sie der Tochter: „Mein Rucksack ist leer."

Mit den Ehrenamtlichen aus dem Rhein-Main-Gebiet, die alle Mitglieder im Netzwerk der HEILHAUS STIFTUNG URSA PAUL sind und jeweils zweimal pro Monat für zwei Stunden zu ihr kommen, spricht sie über andere Dinge. Mit Sarah ringt sie um Glaubensfragen, eine andere Frau spielt oft mit ihr, Kurt liest ihr lustige Begebenheiten aus der Zeitung vor. Mit jedem hat sie eine besondere Verbindung, spezielle Themen. Und sie genießt es, wenn die Menschen ihr zum Abschied eine Energiearbeit schenken und ihre Aura reinigen. Zu Beginn bekommt sie Besuch von sieben Menschen, drei von ihnen ziehen weg. Aber die anderen kommen nach wie vor, seit acht Jahren. Für Ulrike ist dieser Herzensdienst an ihrer Mutter ein Wunder und eine unschätzbare Entlastung.

Es gibt noch einen zweiten Aufenthalt von Gudrun Zimmermann im Heilhaus. Ihr Geburtstag fällt in diese Zeit und sie ist zu Tränen gerührt über das Ständchen, das so viele Menschen für sie singen. Auch in diesen Wochen wird sie liebevoll umsorgt, aber hinterher sagt sie ihrer Tochter, sie wolle nie wieder dorthin. Warum, das kann sie nicht sagen. Vielleicht hat sie die Verabschiedung einer Verstorbenen so erschreckt, vermutet eine Mitarbeiterin der heilenden Pflege. Dabei hat

Gudrun Zimmermann keine Angst vor dem Tod. Für sie ist ganz klar, dass sie ins Licht geführt werden wird.

---

*Seit einiger Zeit baut sie geistig sehr ab, die Demenz schreitet voran und sie hat praktisch keine Erinnerung mehr, sagt die Tochter. Die Lemniskate (die liegende Acht, in der Mathematik das Zeichen für Unendlichkeit), die sie und die Ehrenamtlichen in Gudrun Zimmermanns Aura beschreiben, wird ihr den Übergang erleichtern.*

# Loslassen ist Freiheit

*Matthias und Cornelia Hoffmann sind Bruder und Schwägerin von Anne Hoffmann, die im Heilhaus gestorben ist.*

„Natürlich haben wir uns oft gefragt, was gewesen wäre, wenn Anne viel früher ins Heilhaus hätte kommen können", sagt Matthias Hoffmann. Als Angehörige haben seine Frau Cornelia und er bis zuletzt gehofft, dass Anne Hoffmann wieder aus dem Koma erwacht, in das sie ein Jahr zuvor gefallen war. „Aber diese fünf Tage in der geborgenen Atmosphäre des Heilhauses haben es ihr ermöglicht, die einzige Freiheit zu wählen, die sie noch hatte – loszulassen."

Nur im Bett liegen und nichts mehr tun können, das war das Allerschlimmste, was sich Anne Hoffmann denken konnte. Das hatte sie wenige Monate vor dem Unglückstag der Tochter ihres Lebensgefährten anvertraut. Und dieses Schlimmste ist in extremer Form eingetreten: Sie telefoniert gerade mit der eigenen Tochter, als sie im Lehrerzimmer ihrer Schule zusammenbricht. Sie wird gefunden, doch niemand weiß, wie lange sie da schon gelegen hat. Es gelingt, sie wiederzubeleben und im Krankenhaus wird sie ins künstliche Koma versetzt, aber auch als die Medikamente zurückgefahren werden, wacht sie nicht mehr auf. In drei Monaten Früh-Reha stabilisiert sich ihr Zustand, doch niemand weiß, wie viel Bewusstsein, wie viel Wahrnehmung und Empfinden sie noch besitzt. Die Hände sind in einer starken Spastik, der Kopf weit in den Nacken überstreckt, der ganze Körper verkrampft sich, sobald sie etwas erschreckt. Manchmal öffnet sie die Augen, bewegt die Augenbrauen. Dass sie sich ein wenig entspannt, wenn sie liebevoll und behutsam berührt wird, ist vielleicht die deutlichste Form der Kommunikation, die noch möglich ist.

„Anne war immer ein so lebensfroher Mensch, immer witzig", erinnert sich Cornelia, für die Anne wie eine Schwester war. Vor der Schule war das Theater ihre Welt gewesen, sie war viel unterwegs, hatte einen großen Freundeskreis in Kassel. Und sie hat sich das Leben nie leicht gemacht, hat nächtelang durchgearbeitet, damit sie, inzwischen Lehrerin, die Nachmittage Zeit für ihre Tochter hat. Ob es Signale ihres Körpers gab, eine Vorahnung – die Angehörigen wissen es nicht. Aber es erstaunt sie, dass eine gerade mal 50 Jahre alte Frau sich immer wieder mit dem eigenen Tod beschäftigt, anderen erzählt, dass sie einmal verbrannt werden möchte, dass ihr ein Ort wie die Künstlernekropole im Kasseler Habichtswald als letzte Ruhestätte gefallen würde. Und sie schreibt ihr Testament.

Nach drei Monaten Reha kommt Anne Hoffmann in ein Pflegeheim im Umkreis von Kassel. Die Tochter und die Freunde sollen die Möglichkeit haben, Anne zu besuchen. Matthias und Cornelia kommen beide jeweils einen Tag in der Woche aus dem Sauerland angereist, um sich zu kümmern, da zu sein, die Hand zu halten. Anne braucht die intensivste Form der Pflege, muss regelmäßig gewendet werden, damit sie nicht wund liegt. Das Waschen und Umziehen ihres stark verkrampften Körpers bräuchte viel Zeit – Zeit, die in diesem Heim nicht vorhanden ist. „Das Haus war für so schwere Pflegefälle wie Anne gar nicht eingerichtet", muss Matthias erkennen. „Ich habe die Pflegekräfte oft so ruppig erlebt – und dann hat sich Anne noch mehr verkrampft. Für Liebe war da keine Zeit." Einige Mitarbeiter hat es wohl sehr bedrückt, dass sie dieser Patientin

nicht gerecht werden können. Die stellvertretende Stationsleiterin will sogar kündigen, so sehr nimmt sie das alles mit. „Ich habe so oft gedacht, sie geht uns da noch ein“, sagt der Bruder.
Über ein halbes Jahr später, nachdem Anne ins Wachkoma gefallen ist, gibt es den ersten Kontakt zum Heilhaus. Eine Freundin von Anne macht sie darauf aufmerksam – dabei ist Matthias schon so oft an dem Hinweisschild in der Wolfhager Straße vorbeigefahren. Den Kontakt fand er von Anfang an sehr positiv – obwohl das Heilhaus auf eine möglicherweise jahrelange Pflege nicht eingerichtet ist. Trotzdem besucht eine Mitarbeiterin aus dem Pflegeteam Anne im Heim, um einen Eindruck zu gewinnen und mit der Schwägerin zu sprechen.
In dieser Zeit muss Anne immer wieder mit Lungenentzündungen ins Krankenhaus verlegt werden, wo sie sich schließlich auch einen dieser resistenten, hochaggressiven Krankenhauskeime einfängt. Das macht es zunächst schwierig, sie ins Heilhaus zu holen. Insbesondere für einen schwer kranken Jungen, der im Heilhaus lebt, könnte eine Ansteckung lebensbedrohlich sein. Bei einem weiteren Besuch der Heilhausmitarbeiterin wird deutlich, wie groß die Not inzwischen ist. In einer konzertierten Aktion wird im Heilhaus alles Notwendige organisiert, damit Anne kommen kann – und just in dem Moment, als die Verlegung nach Kassel ansteht, ist der Keim verschwunden.
Etwa ein Jahr nach dem Zusammenbruch wird Anne schließlich mit dem Krankenwagen ins Heilhaus gebracht. „Sie wurde dort so liebevoll begrüßt“, erinnert sich Cornelia. Kurze Zeit, nachdem man sie ins Bett gelegt hat, kommt eine Klangtherapeutin mit Klangschalen und spielt für sie. „Ich denke, Anne fühlte sich sofort geborgen. Jedenfalls entspannte sie sich viel schneller als sonst nach einer solchen Fahrt. Und das neue Zimmer hatte so eine angenehme, warme Atmosphäre. Es war

zwar kleiner als im Pflegeheim, aber freundlich, hell und klar – es war wie ein sicherer Hafen." An diesem Abend fahren Matthias und Cornelia das erste Mal mit einem guten Gefühl nach Hause, „weil wir sicher waren, dass es ihr dort gutgeht".

Sie wussten, dass sich in der ersten Woche nur zwei Mitarbeiterinnen der heilenden Pflege um Anne kümmern würden, Tag und Nacht, um ihr das Ankommen in der fremden Umgebung zu erleichtern und ihr die Möglichkeit zu geben, Vertrauen zu fassen. Sie hatten bereits miterlebt, wie behutsam und zart die Frauen ihre Schwester und Schwägerin anfassen und mit zahllosen Kissen betten. Und sie hatten gesehen, dass die Pflegerinnen in großer Ruhe in Kontakt gehen mit ihrer Patientin, sie immer ansprechen, alles erklären, was sie tun.

Bereits im Vorfeld war gemeinsam überlegt worden, was man alles Gutes für Anne tun könne: Sie in der großen Badewanne im KinderHeilhaus baden, Logopädie und insbesondere Mundpflege, Ergotherapie, Energiearbeit, Klänge, Musik. „Ich hatte das Gefühl, sie würden hier alles machen, was irgendwie gut ist für Anne", sagt Cornelia Hoffmann. Dazu ist es aber nicht mehr gekommen.

Anne bekommt wieder Fieber, wieder ist es eine Lungenentzündung. Es wird nach einem Antibiotikum gesucht, das noch wirkt – sie hatte ja schon so viele Medikamente bekommen. Und es ist klar abgesprochen, dass die Pflege im Heilhaus den Tod nicht verhindern würde. Trotz Fieber entspannt sich Anne Hoffmann zusehends. „Vielleicht war das ja schon der Anfang vom Sterben", mutmaßt Cornelia. Sie ist bei ihr, als Anne nach fünf Tagen im Heilhaus friedlich einschläft. „Anne war ihr ganzes Leben auf der Suche nach Geborgenheit, und im Heilhaus war sie wirklich in Liebe angenommen", erzählt Matthias. „Deshalb konnte sie dann auch so friedlich gehen."

Cornelia bleibt lange bei ihrer toten Schwägerin am Bett. Später wird sie aufgebahrt, das Zimmer mit Blumen und Kerzen geschmückt. Auch die Eltern sollen sich von Anne im Heilhaus verabschieden können, die Tochter, die Freunde aus Kassel. „Auch als Angehörige waren wir sehr geborgen in diesem Haus und es wurde sehr für uns gesorgt. Und dass so viele Menschen Spalier standen und sangen, als Anne im Sarg hinausgetragen wurde, das habe ich noch nie erlebt – und es hat so gutgetan", sagt Matthias. „In der Rückschau passt der Begriff Heilhaus sehr gut für das, was wir erlebt haben." Sicher, es ging bei seiner Schwester nicht mehr um heilen im Sinne von gesund werden, „aber heilsam waren die Tage dort auf jeden Fall für sie".

---

*Ob es für ihn schwierig sei, als evangelischer Pfarrer seine Schwester in ein Haus zu geben, das ausdrücklich spirituell ausgerichtet ist, aber keiner christlichen Kirche angehört? Nein, das sei es nicht gewesen. Er habe im Internet recherchiert, dort aber nichts gefunden, was er mit seinem Glauben nicht hätte vereinbaren können. „Für mich hat jede Spiritualität ihre Berechtigung – es gibt nur eine menschliche Spiritualität. Und ich habe gesehen, dass die Menschen dort Kraft aus ihrem Glauben schöpfen. Also ist es gut."*

# Dem Leben im Sterben Würde und Normalität geben

*Matthias Teller begleitete seine Frau Agnes in der Krankheit und im Sterben.*

„Agnes und ich, wir waren so wunderbar verbunden, als der Tumor kam", erinnert sich Matthias an jenen November 2009. Da waren Agnes und Matthias bereits 40 Jahre zusammen, hatten darum gerungen, sich in ihrer großen Unterschiedlichkeit zu finden und zu lieben, hatten das Glück gehabt, als Paar gemeinsam viele, viele Jahre in Ausbildung bei Ursa Paul zu sein und mit ihrer Hilfe und dem eigenen inneren Wachstum zu einer immer reiferen und tieferen Beziehung zu finden. Dann kam der Krebs.

Matthias war von Berlin zu einem Termin nach Kassel gefahren, als Sohn Merlin anrief, Agnes sei im Krankenhaus. Matthias spürte: „Jetzt wird es ernst." Und fuhr sofort zurück nach Berlin. Das MRT bestätigte den furchtbaren Verdacht: Ein pflaumengroßes Glioblastom direkt hinter der Stirn – operabel, aber nicht heilbar. Denn dieser Krebs breitet sich wie ein Pilzgeflecht im Gehirn aus und bildet dann an anderen Stellen neue Tumore. Dieser Prozess lässt sich nicht stoppen. Modernste Medizin kann nur dazu beitragen, die Krankheit zu verlangsamen und dadurch Lebenszeit zu gewinnen.

So beginnt der schulmedizinische Weg. Wenige Tage nach der Diagnose wird Agnes operiert, nach der Entlassung aus dem

Krankenhaus folgen lange Wochen mit Bestrahlung und Chemotherapie. Methodik, Technik, Medikamente – alles ist auf dem neuesten Stand. Agnes ist Patientin in der Charité, einem der besten Krankenhäuser in Berlin, vielleicht in Deutschland. „Alles ist zweckmäßig, funktional und durchgetaktet – für Achtsamkeit oder Mitmenschlichkeit bleibt da kaum Zeit", erinnert sich Matthias. Nach der OP spricht der Chirurg kurz mit ihm und Merlin, der selbst Arzt ist, den Fachjargon versteht und seinen Eltern eine große Unterstützung ist. Er weist nochmals darauf hin, dass auch die gelungene Operation die Krankheit nicht heilen könne. Kein Wort davon, dass die Patientin mit der großen zugetackerten Wunde an der Stirn erschreckend aussehen könne. Kein Wort, dass der Tumor an der Stelle des Gehirns entfernt wurde, wo der Wille eines Menschen sitzt. Und dass dies dazu führt, dass Agnes mehr und mehr ihren Entscheidungswillen einbüßen wird.

Umso mehr Zuwendung und Unterstützung erhält die Familie von den Menschen aus dem Freundeskreis der Heilhaus-Dependance in Berlin, dem Zentrum für Lebensenergie. Obwohl es Agnes als langjährige Leiterin des Berliner Zentrums oft nicht leicht hatte mit den Menschen dort und ihr viele Freundeskreismitglieder in einer Art scheuem Respekt begegneten – in diesen Zeiten der Not sind sie da und kümmern sich liebevoll. Noch im Krankenhaus bekommt Agnes Nährsystembehandlungen, um den Körper und das feinstoffliche Feld, das ihn umgibt, zu stärken. Wenn Matthias nach Agnes' Entlassung aus dem Krankenhaus seine Frau nicht zur Bestrahlung begleiten kann, kommt jemand aus dem Freundeskreis aus Berlin ins südliche Umland gefahren, wo Matthias und Agnes damals wohnen, bringt Agnes in die Charité, wartet auf sie und fährt sie wieder nach Hause. Nach jeder Bestrahlung erhält Agnes eine Aurareinigung, um ihr Energiesystem zu balancieren, und oft kaufen die Menschen ein, kochen für sie, leisten Agnes Gesellschaft, sind einfach da. Karin, eine enge Freundin von Agnes, die damals zur Leitung des Zentrums gehört, plant Woche um Woche, koordiniert die Menschen, die sich anbieten und dafür oft sogar einen freien Tag nehmen.

Vor allem aber sind sie bereit, sich den Themen Krankheit und Tod zu stellen und in Kontakt zu gehen mit der sterbenskranken Frau. Das braucht Mut und Achtsamkeit und Einfühlungsvermögen. Matthias berichtet: „Meine Erfahrung ist, dass die Menschen in der Heilhausbewegung diese soziale Kompetenz eher entwickeln. Die Vision zeigt uns, dass nicht nur die Geburt, sondern auch der Tod in jedem Augenblick gegenwärtig ist – was immer es ist, was da stirbt. Indem wir uns mit der Vision auseinandersetzen, verlieren wir nach und nach die Berührungsangst vor dem Tod."

Auch Matthias bekommt Aurareinigungen, wenn er müde und niedergeschlagen ist. Die Nährsystembehandlungen sind ganz auf ihn und seine Situation abgestimmt und immer mit der herzlichen Einladung verbunden, darüber zu sprechen, wie es ihm geht und was ihn bewegt. „Ich fühlte mich sehr nah begleitet." Die Möglichkeit, sich auszusprechen, war auch deshalb besonders wertvoll, weil er seine Trauer und Verzweiflung nicht mit seiner Frau teilen konnte. Denn Agnes reagierte auf die Diagnose Hirntumor emotional überhaupt nicht. „Ich habe sie in dieser Zeit nicht ein Mal weinen sehen, nicht ein Mal klagen gehört. Das haben alles Merlin und ich gemacht. Wenn ich um sie und uns weinte, war sie mit ihrer Zärtlichkeit für mich da. Sie schenkte mir eine Art mildes Mitgefühl – aber sie selbst war ganz woanders. Als hätte sie sich schon ein Stück von dieser Welt zurückgezogen."

Im Spätsommer 2010 mieten Matthias und Agnes eine kleine

Wohnung in der Heilhaussiedlung in Kassel an, weil es Agnes guttut, dem Heilhaus nah zu sein, in diesem Energiefeld aufzutanken, mit den Menschen und engen Freundinnen zusammen zu sein. Dort ist sie stärker eingebunden in die Gemeinschaft und sie hat mehr Kontakt mit ihrer spirituellen Lehrerin Ursa Paul. Gleichzeitig fehlt ihr ihr Mann und so pendeln sie zwischen Berlin und Kassel.

Im darauffolgenden Frühjahr sind die Folgen der Tumorerkrankung nicht mehr zu übersehen. Matthias bucht einen Urlaub für sie beide, wäre mit seiner Frau so gerne noch einmal ans Meer gefahren. Doch Agnes' Wesen hat bereits angefangen sich zu verändern und es wird deutlich, dass Agnes der eigene Wille nicht mehr zur Verfügung steht. Eine Woche lang versucht sie, ihren Koffer zu packen – ohne Erfolg. Agnes ist sehr erleichtert, als die Reise endgültig abgesagt ist.

Inzwischen nimmt Agnes hohe Dosen Cortison und Schmerzmittel – mehr können die Ärzte in der Charité nicht mehr für sie tun. Jetzt bestimmt allein der Tumor den weiteren Verlauf. Mit dem Cortison kommen immer mehr körperliche Einschränkungen. Matthias wird klar, dass er bald mehr Hilfe und Unterstützung brauchen wird, um Agnes zu pflegen, und so fällen sie die Entscheidung, jetzt gemeinsam nach Kassel zu ziehen. Eine vertraute Freundin stellt ihnen ihre Wohnung in der Heilhaussiedlung zur Verfügung, zieht selbst vorübergehend zu einer anderen Freundin – eine Offerte, die Matthias erst gar nicht glauben kann, aber dankbar annimmt. Beim Umzug Ende Mai 2011 ist Agnes schon sehr schwach und angegriffen von der Krankheit, zahlreiche Helfer in Berlin und Kassel machen den Ortswechsel leicht und sie fühlen sich herzlich willkommen in der Siedlung.

Vom Team der heilenden Pflege erhält Matthias ganz praktische Unterstützung, die Dinge anzugehen, die jetzt getan und bedacht werden müssen. Eine erfahrene Mitarbeiterin hilft beim Antrag auf Pflegestufe, ist dabei, als die Gutachterin der Krankenkasse in die Wohnung kommt. Aktiv vorausschauend und umsichtig hilft sie dabei, die notwendigen Hilfsmittel rechtzeitig zu beantragen – das Pflegebett mit Aufstehhilfe, den Badewannenlift, den Rollstuhl. „Als Laie bist du damit völlig überfordert. Du weißt einfach nicht, was auf dich zukommt, was noch alles gebraucht wird. Im Heilhaus wurden wir bei allen diesen im Alltag wichtigen Fragen liebevoll begleitet und geführt, sodass es nie zu einem Notfall kommen musste“, erinnert sich Matthias. „Agnes lag wie ein Vögelchen in einem Wattenest in diesen letzten Monaten. So waren wir beide richtig gut geborgen.“

Zwei Monate können Matthias und Agnes noch gemeinsam in der „eigenen“ Wohnung leben. Dann geht auch das nicht mehr, Agnes' Beine versagen den Dienst. Beinahe fällt sie die Treppe hinunter und Matthias kann sie gerade noch auffangen. Ende August zieht Agnes in die Calla, eines der Pflegezimmer im Heilhaus. Sie braucht ständige Pflege und die Mitarbeiter und Ehrenamtlichen im Heilhaus tun dies mit großer Geduld, Achtsamkeit und Zugewandtheit. Auch die Pflegekräfte im Heilhaus müssen ihre verschiedenen Aufgaben bewältigen, aber sie tun dies anders, als es im Krankenhaus oft möglich ist. Die Pflegenden sind ganz auf Agnes bezogen, pflegen nicht nur einen Körper, sondern auch den persönlichen Kontakt. Sie versuchen herauszufinden, was Agnes in diesem Moment braucht, und dann versuchen sie, dieses Bedürfnis auch zu stillen. Egal was, und seien es ungewöhnliche Essgelüste – Steak am Abend, Erdbeeren im Herbst und vor allem Unmengen an Süßigkeiten für Agnes, die früher nie viel Süßes aß. Als sie Diabetes entwickelt, suchen Arzt und Pflege gemeinsam den Mittelweg: zu tun, was medizinisch notwendig ist und gleichzeitig diese kleine Lust am Leben weiterhin zu ermöglichen.

Agnes bekommt ein großes Seidentuch, dessen Farben auf sie abgestimmt sind. Sie wickelt es sich um den Kopf, deckt sich an heißen Tagen damit zu. Und als ihr keine Unterwäsche mehr passt, weil das Cortison sie so aufschwemmt, besorgt man ihr eine kleine Auswahl schöner Dessous.

Sie haben mehr Zeit für die Pflege im Heilhaus – oder sie nehmen sie sich. Und das setzt andere Qualitäten frei – so beobachten es Matthias und Merlin, der unbezahlten Urlaub genommen hat, um bei seinen Eltern in Kassel zu sein. Die Pflegenden lassen sich ein auf den menschlichen Kontakt, schauen genau hin. Und üben sich in Geduld. Wenn Agnes nicht fünf, nicht zehn, sondern vielleicht 15 Minuten braucht, bis sie den Willen aufbringt, sich aufzusetzen. Die Pflegerin unterstützt, ermuntert, regt an. Sie drängelt nicht, bleibt in Beziehung und lässt der Kranken dadurch auch die eigene Würde.

Immer, erinnert sich Matthias, wurde geschaut, was Agnes guttun könnte. So spielt beispielsweise eine Frau für Agnes auf der Harfe. Um aber nicht beim ersten Mal gleich in die Intimität des Krankenzimmers einzudringen, spielt sie vor dem geöffneten Fenster auf dem Hof. Es ist ein schöner Tag und die Musik schwebt in Agnes' Zimmer. Später, als Agnes die Klänge gern näher um sich haben möchte, spielt die Musikerin auch im gleichen Raum. Oder: Bei einem Waldspaziergang haben Vater und Sohn die Idee, ein Mobile aus Vogelfedern für Agnes zu basteln, als Ausdruck für die Leichtigkeit des Übergangs. Sie hängen es über Agnes' Bett und es ist für die Pflegenden selbstverständlich, sich um das Mobile herumzubewegen.

Es ging in der Begleitung durch das Heilhaus aber nie nur um Agnes. „Man schaut immer auf das Ganze", berichtet Matthias.

„Und dazu gehören auch die Angehörigen und was sie brauchen an Ruhezeiten, Behandlungen, Freiraum.“ Als er im Sommer unbedingt ein paar Tage Zeit zum Auftanken braucht und gleichzeitig davon überzeugt ist, dass das doch gar nicht gehe, wird Matthias ermuntert: „Mach das, wir kümmern uns, es wird dir guttun.“ Merlin bleibt bei Agnes und drei langjährige Weggefährtinnen von Agnes kümmern sich um ihn, sind für ihn da, wenn er ein offenes Ohr braucht oder eine Schulter zum Anlehnen.

Schließlich jährt sich ihr Hochzeitstag zum 25. Mal – Agnes und Matthias sind seit 42 Jahren ein Paar – und es ist Zeit, Abschied zu nehmen, denn Agnes hat nicht mehr lang zu leben. Matthias lädt Freunde ein, Wegbegleiter. Sie haben die ganze Cafeteria im Heilhaus für sich, eine lange Tafel ist schön gedeckt und mit silbernen Kerzen geschmückt. Und so feiern sie gemeinsam das Leben und den nahen Tod.

Für die meisten Freunde ist es die letzte Begegnung mit Agnes. In den verbleibenden Wochen ihres Lebens ist es wohltuend für sie, nur noch von wenigen Menschen umgeben zu sein. Ursa Paul schaut fast jedes Mal, wenn sie im Heilhaus ist, nach ihrer Schülerin, lenkt ihre Behandlung. Und sorgt dafür, dass es noch zu einem klärenden Gespräch mit Agnes' Mutter kommt. „Ursa Paul arbeitete intensiv daran, dass Agnes so frei wie möglich in den Tod gehen kann. Und diese Begegnung gehörte dazu“, erinnert sich Matthias. In den letzten zehn Tagen ihres Lebens schwebt Agnes wie zwischen Himmel und Erde. Ursa Paul bittet eine der Pflegenden, die Lemniskate (die liegende Acht) über Agnes' Körper zu ziehen. Und Viviane Clauss, Leiterin der heilenden Pflege im Heilhaus und enge Freundin, kommt alle zwei Stunden, Tag und Nacht, um Agnes den Schritt über die Schwelle des Todes zu erleichtern. In diesen Tagen, als Agnes gar nicht mehr ins Wachbewusstsein kommt, sitzt Matthias viele Stunden an ihrem Bett. Irgendwann fängt er an, den Baum vor Agnes' Fenster zu zeichnen. Blatt für Blatt. In der Nacht, nachdem die Zeichnung fertig ist, stirbt Agnes. Friedlich. Die Ewigkeit ist da.

---

*Matthias Teller: „Wenn der Mensch, den du liebst, eine solche Diagnose bekommt, dann wirft es dich von jetzt auf gleich aus deinem normalen Leben. Das Krankenhaus verstärkt die Ausnahmesituation, dort gelten andere Regeln und du musst warten, bis man ein Minimum an Zeit für dich hat. Du bekommst das medizinisch Notwendige, um irgendwie weiterzugehen. Das ist wichtig – und es braucht mehr. Im Heilhaus hatte ich das Gefühl, es wird alles getan, was möglich ist, um dieser Form des Lebens, das man gezwungen ist, jetzt zu leben, ein Stück Normalität und Würde zu geben."*

# Ein Ort zum Leben und zum Sterben

*Gregor Fleischmann verbringt seinen letzten Lebensabschnitt im Heilhaus, seine Frau Ines findet ein spirituelles Zuhause.*

„Es war wie ein Wunder, dass wir diesen Ort gefunden haben", erinnert sich Ines Fleischmann. Jahrelang hatte sie es geschafft, mit der Kraft, die nur aus Liebe entstehen kann, ihren an Amyotropher Lateralsklerose (ALS) erkrankten Mann Gregor zu Hause zu begleiten, zu unterstützen und zu pflegen. Und auch wenn die Krankheit Gregor immer mehr in völlige Unbeweglichkeit zwang – „die Symptome haben nie dominiert, weil wir dem Leben alles abgerungen haben, was möglich war". Dann aber drohte Ines zusammenzubrechen. „Bis dahin waren wir diesen schrecklichen Weg so kraftvoll gemeinsam und mit unseren beiden Söhnen gegangen. Selbst eine umfassende palliativ-pflegerische und -medizinische Unterstützung hätte nicht gereicht, damit Gregor gut gehen kann. Er brauchte spirituelle Begleitung, Begleitung für seine Seele, um diesen Weg auch in der größten Not in Würde bis zu Ende zu gehen."
Im Herbst 2007 schleicht sich die Krankheit in das Leben der jungen Familie. Gregor kann den Autoschlüssel nicht mehr drehen, weil er nicht mehr genügend Kraft in der rechten Hand hat. Dabei braucht der Gehörlosenpädagoge seine Hände so dringend und so genau, um sie in der Gebärdensprache präzise

einsetzen zu können. Eine lange Suche nach der Ursache beginnt, äußere und innere Suchprozesse, zig Verdachtsdiagnosen. Als sich die Symptome 2010 auch in der linken Hand zeigen, ist Gregor an einem Tiefpunkt angelangt. Neurologen an der Uniklinik in Marburg kommen der Krankheit endlich auf die Spur. Dort diagnostizieren die Ärzte erstmals eine Erkrankung des Nervensystems, die im April 2013 in der Charité Berlin zweifelsfrei als ALS spezifiziert wird. Die Amyotrophe Lateralsklerose ist eine Erkrankung der Nerven, die die Muskulatur steuern. Diese werden nach und nach zerstört, sodass immer weniger willkürliche Bewegungen möglich sind. Das betrifft die Extremitäten, schließlich auch das Schlucken, Sprechen und Atmen.

„Gregor hatte eine so unglaubliche innere Stärke, dass er es geschafft hat, seine Präsenz bis zum Schluss zu bewahren, obwohl er alle Symptome der Krankheit entwickelt hat." Er hat sich nie aufgegeben oder hilflos gezeigt, auch wenn er mehr und mehr und in den kleinsten Dingen auf Unterstützung angewiesen ist. Es lag so viel Klarheit in Gregors Ausstrahlung: „Das ist jetzt so, ich bin auf eure Hilfe angewiesen und wenn ich sie brauche, dann sage ich es." „Das sorgte für eine gute Energie, machte es uns möglich, uns wirklich zu begegnen, die Schönheit in den kleinen Dingen zu entdecken und uns an Glitzerglücksmomenten zu erfreuen." Und: Es sind verdammt harte Jahre, für alle Beteiligten: „Schritt für Schritt haben Gregor, die Kinder und ich Verluste erlitten. Wenn Gregor etwas nicht mehr konnte, wussten wir, das kommt auch nicht mehr zurück. Mit diesem Wahnsinn mussten wir leben." Und sie leben intensiv, im Zeitraffer, als Liebende, als Familie.

Im Sommer 2014 geht es zu Hause nicht mehr. Die Grenzen, die sie gegenseitig immer gewahrt und respektiert haben, sind überschritten. Gregor braucht rund um die Uhr Unterstüt-

zung. Eine Veränderung ist unausweichlich, sonst gehen alle vor die Hunde. Gleichzeitig zerreißt Ines die Vorstellung fast, dass es für Gregor nur ein Pflegeheim zu geben scheint.
Wenige Wochen bevor sich die häusliche Situation so zuspitzt, erfahren Gregor und Ines vom Heilhaus. Eine Frau, die Gregor als Heilpraktikerin zu Hause begleitet hatte, war dort gestorben. Gleich beim ersten Telefonat hat Ines das Gefühl, dass die Chemie stimmt, dass dies der Ort für Gregors letzte Lebenszeit sein könnte. In der Anschlussheilbehandlung nach einem Krankenhausaufenthalt geht es ihm schlecht. Zu Hause waren sie ein eingespieltes Team gewesen, die vertrauten Handreichungen boten Halt. In der Reha nimmt Gregor die eigene Unbeweglichkeit viel drastischer wahr. Viviane Clauss, Leiterin der Heilenden Pflege im Heilhaus, hört, wie groß die Not ist. Noch während der Reha kommt sie ihn mehrmals besuchen und behandelt ihn mit feinstofflicher Energiearbeit. „Das war Gregors Rettung. Vivianes Besuche bauten eine Brücke und schafften Vertrauen, weil über diesen Kontakt im Heilhaus bereits jemand wusste, wie es um ihn steht.“
Als Gregor im August schließlich ins Heilhaus kommt, kann niemand sagen, wie lange er noch zu leben hat – ein paar Monate, ein Jahr? In Ines’ Wahrnehmung eröffnet sich in den tatsächlich verbleibenden drei Monaten ein neuer, letzter Lebensabschnitt für und mit Gregor. Dort, losgelöst vom Familienalltag, ist Raum für Dinge, die noch wichtig sind für ihn. Noch einmal intensive Kontakte mit Freunden pflegen, Besuch empfangen, der zu Hause mehr und mehr zur Last geworden war in dem fein justierten Gleichgewicht der Überforderung. Noch einmal köstliche Speisen mit allen Sinnen schmecken – in der Familie musste Ines die Bedürfnisse aller abwägen, konnte nicht nur für den Vegetarier mit Schluckbeschwerden kochen. Die heranwachsenden Jungs verlangten nach Fleisch.

„Die Hoheit über seinen Körper hatte er verloren. Sein Geist, seine Seele waren das Letzte, was ihm noch geblieben war – und darin haben sie ihn hier begleitet und unterstützt."
Meditation ist für Gregor bereits in den bewegungslosen Tagen und Nächten der Krankheit zu Hause zum Teil des Lebens geworden. Es gibt ihm Sicherheit, von den Menschen im Heilhaus darin erkannt zu sein, wie weit sich seine Seele bereits spannt. Und auch, wie groß seine Angst ist vor dieser letzten Zeit. Sehr vertraute, nahe Gespräche mit Viviane und anderen Menschen aus der Pflege nähren seinen Geist. Sie eröffnen Räume, um über seine Verzweiflung, seine Träume, sein Suchen zu sprechen. Aurareinigungen und Nährsystemarbeit unterstützen zusätzlich den Prozess der Loslösung.
Mindestens ebenso wichtig ist ihm die Haltung, mit der die Menschen ihn pflegen und betten. Der Schmerz der totalen Abhängigkeit ist für ihn nur zu ertragen, wenn die Pflegenden die vielen Handgriffe in völliger Selbstverständlichkeit an seiner Stelle tun. Immer wieder bedankt und entschuldigt er sich dafür, dass sein Fuß exakt so gelagert, das Ohr genau so gestützt werden muss – das Beharren auf Genauigkeit ist keine Schikane. Vielmehr braucht er die Menschen, die bereit sind zu dienen, um sich in seiner Selbstbestimmung nicht verraten zu fühlen und in Einklang mit seinem Leben zu kommen. „Die Pflegenden im Heilhaus haben verstanden, dass Autonomie für Gregor immer das Wichtigste war. Ich wusste, es wird dort alles getan, damit er friedlich die Erde verlassen kann."
So wichtig diese Lebenszeit im Heilhaus für Gregor ist, um loslassen zu können, so wichtig ist sie für seine Frau als Übergang, um nicht nur Kraft zu schöpfen, sondern auch um sich innerlich vorbereiten zu können auf das, was kommt. Entbunden vom alltäglich Unzumutbaren, ist auch Raum, sich als Liebespaar noch einmal neu zu begegnen und ihre Liebe weiter

wachsen zu lassen. „Indem wir uns nach und nach verabschiedet haben aus dem, was man nur irdisch leben kann, sind wir in unserer Liebe so frei geworden, dass sie zum Schluss universal war“, beschreibt Ines dieses Glück im Schmerz. „In den allerletzten Tagen gab es eine Umarmung von Gregor und mir – es war wie eins werden. Ich spürte alles, was er spürte. Und es war klar: Er muss sterben. Und ich muss leben. Ich wusste, eine solche Begegnung schaffe ich nicht noch einmal.“
Gregor hat da schon einige Zeit aufgehört zu essen, weil es nur noch mühsam und beängstigend ist. Sein Sprechen ist kaum mehr zu verstehen – es bleiben ihm nur noch wenige Tage. So wichtig es ihm all die Jahre gewesen ist, nicht benebelt zu sein von Medikamenten, so klar ist es gesprochen zwischen ihm und der betreuenden Ärztin im Heilhaus, dass er die allerletzten Qualen der Krankheit nicht bewusst erleben will. Den Zeitpunkt zu bestimmen, wann die palliative Sedierung einsetzen soll, ist die letzte freie Entscheidung, die er treffen kann. Zwei Tage kämpft sein Körper noch, dann schläft Gregor friedlich ein. „Ganz weit werden“ – das war Gregors Vorstellung vom Sterben.
„Für uns alle war es tröstlich, Gregor im Heilhaus zu wissen. So konnten wir ihn in aller Freiheit an einem Ort des Lebens besuchen, von dem wir spürten, dass er der beste für ihn ist – und an dem man auch sterben darf.“ Und: „Dort hat man verstanden, dass das Leben ein zyklischer Weg ist.“ In dieser Energie fühlt sich Ines wohl, auch wenn der Tod Trauer und Schmerz bedeutet – er ist Teil des Weges.

---

*Gregor fragt gleich beim ersten Besuch von Viviane in der Reha-Klinik danach, was ist, wenn er es gar nicht mehr aushalten kann. Die Leiterin der heilenden Pflege sichert ihm zu, dass es kein Tabu gebe, dass sie alles zusammen bewegen und finden werden. Sie macht keine Versprechungen, signalisiert aber Offenheit dafür, dass es Leben gibt, das nicht durch Krankheit beendet wird. Und die grundsätzliche Möglichkeit palliativer Sedierung beruhigt Gregor.*

*„In der Essenz war es unsere Aufgabe, seiner Wegsuche zu dienen, die das Tabu überschreitet, alles aushalten zu müssen. Dieser Weg ist keineswegs leichtfertig, sondern er muss sich auftun im tiefen Respekt vor dem Geschenk des Lebens."*

*Und noch eines ist Viviane wichtig: „Dieser Familie ist es gelungen, die Liebe im Loslassen zu leben. Es hat Gregor ausgemacht, seinen Söhnen und seiner Frau eine Zukunft zu schenken – dadurch, dass er gegangen ist und wie er gegangen ist. Das war eine enorme Form grenzüberschreitender Liebe."*

*Ines kommt auch heute noch nach Kassel ins Heilhaus. Die Verbundenheit mit den Menschen dort tut ihr gut. Vor allem aber ist es auch ihr ein spirituelles Zuhause geworden, ein Ort, an dem sie sich eingeladen fühlt, ihr volles Potenzial als die starke Frau weiterzuentwickeln, die sie schon immer war.*

# Anhang

# Zur Person von Ursa Paul

Die Realisierung der Vision „Geburt, Leben, Sterben" ist geprägt durch Ursa Paul (*1943) und ihr Wirken. Sie lenkt und leitet das Heilhaus, das spirituelle Netzwerk und die HEILHAUS-STIFTUNG URSA PAUL auf der geistigen Ebene. Für viele Menschen ist Ursa Paul spirituelle Lehrerin, Begleiterin ihrer Wegsuche und ein Spiegel auf der Suche nach dem eigenen Selbst. Mitten in der Welt stehend lehrt sie, dass das Erfüllen der spirituellen Bedürfnisse und das verantwortungsvolle Handeln für die Welt zusammengehören – Meditation, soziales Engagement und tätiges Dasein in Nächstenliebe ist gelebte Praxis in diesem Sinn.
Gemeinschaftsbildung ist für sie von besonderer Bedeutung: „Gemeinschaft ist eine Haltung der Verbundenheit mit ande-

ren Menschen und mit dem Leben selbst. In der Kraft gemeinschaftlichen Handelns ist es möglich, Antworten auf gesellschaftliche Fragen zu finden, neue Lebens- und Arbeitsmodelle zu entwickeln, Zukunft zu gestalten."

Mit ihrer Weisheit, ihrer Liebe und ihrem Humor berührt Ursa Paul Menschen in der Tiefe ihrer Herzen und Seelen. Die Begegnung mit ihrem freien Geist macht es möglich, sich selbst in den Facetten des eigenen Seins annehmen zu lernen.

# Zum Heilhaus Kassel

*„Das Heilhaus ist ein Ort, an dem die Einheit von Geburt, Leben und Sterben beheimatet ist. Kinder werden geboren, Menschen suchen und erfahren Heilung, Sterbende leben in Würde ihr Leben bis zu Ende.*
*Heilung in diesem Sinne bedeutet, in uns selbst auf die Suche nach der Erinnerung zu gehen, wer wir wirklich sind und was uns hindert, im ganzheitlichen Sinne gesund zu sein und zu werden. Heilung bedeutet, die abgetrennten Teile unserer Psyche und unseres Körpers wieder mit dem Kern unserer Seele in Verbindung zu bringen und demgemäß zu handeln und zu leben.*
*Getragen von der Gemeinschaft der Menschen, die sich dieser Vision zugehörig fühlen, ist das Heilhaus ein Ort, an dem der Kreislauf des Lebens in Respekt vor der Schöpfungskraft und der Würde jedes Menschen im täglichen Tun gelebt wird."*

Aus der Präambel der HEILHAUS-STIFTUNG URSA PAUL

# Meilensteine in der Entwicklung des Heilhauses

- 1989 gründet Ursa Paul gemeinsam mit 21 Gründungsmitgliedern den Verein „Freundeskreis für Lebensenergie e.V.".
- Am 15. Mai 1990 wird das Heilhaus unter seinem ursprünglichen Namen „Zentrum für Lebensenergie" im Kasseler Stadtteil Rothenditmold eröffnet.
- Seit Anfang der 1990er-Jahre gibt es eine Kinderbetreuung, die sich zu einer Kindergemeinschaft entwickelt hat, mit zwei Krippengruppen, zwei altersübergreifenden Kindergartengruppen sowie einer Waldgruppe für insgesamt rund 80 Kinder.
- 1997 wird die Baugenossenschaft „Gemeinschaftliches Leben eG" gegründet und mit der Planung einer Siedlung in unmittelbarer Nähe zum Heilhaus begonnen, um dort gemeinschaftliches Wohnen, Leben und Arbeiten zu ermöglichen.
- Im Dezember 2004 wird die „HEILHAUS-STIFTUNG URSA PAUL" als Gemeinschaftsstiftung von Ursa Paul und dem Verein „Freundeskreis für Lebensenergie e.V." ins Leben gerufen. Sie verfolgt ausschließlich gemeinnützige Ziele und ist als rechtsfähige Stiftung anerkannt.
- Ebenfalls 2004 wird das „KinderHeilhaus" als Geburtshaus eröffnet. Ein Schwerpunkt der Arbeit liegt in der Begleitung von Paaren, die ein Kind während der Schwangerschaft oder kurz nach der Geburt verlieren.
- Ab 2006 realisiert die Baugenossenschaft gemeinsam mit

der HEILHAUS-STIFTUNG URSA PAUL die Siedlung am Heilhaus. Inzwischen leben hier 130 Menschen.

- 2007 wird die „Heilhaus gGmbH“ gegründet. Sie führt den täglichen Betrieb des Heilhauses. Dazu zählen das Kinder-Heilhaus, der Tagungs- und Ernährungsbereich, die Seminarorganisation, die Kindergemeinschaft, die Kinder- und Jugendhilfe sowie die Bereiche Medizin, Psychotherapie, Kur, Pflege und Sterbebegleitung.
- 2008 ernennt das Bundesministerium für Familie, Senioren, Frauen und Jugend das Heilhaus zum Mehrgenerationenhaus.
- 2009 wird die „Schule am Heilhaus für schwer kranke Kinder“ als Zweigstelle der Kasseler Alexander-Schmorell-Schule gegründet, um auch diesen Kindern einen Erfahrungsort außerhalb der Familie zu bieten – und die Eltern zu entlasten.
- 2010 wird der „Pflegedienst Heilhaus gGmbH“ gegründet.
- Seit 2011 ist das Heilhaus vom Hessischen Sozialministerium als Familienzentrum anerkannt.
- 2012 wird das „gemeinnützige Medizinische Versorgungszentrum Heilhaus“ gegründet. Es ergänzt die vielfältigen medizinischen, therapeutischen, sozialen und spirituellen Angebote im Heilhaus und sichert langfristig die medizinische Versorgung im Kasseler Stadtteil Rothenditmold.
- 2012 wird die Initiative „Löwenherz“ im Netzwerk der HEILHAUS-STIFTUNG URSA PAUL gegründet, um Projekte zu initiieren, die die Bildung und Erziehung von Kindern und Jugendlichen unterstützen und fördern. Dazu zählt die Werkschule Löwenherz, ein Angebot für berufliche Orientierung, zur Förderung und Stärkung der Arbeitskraft für Jugendliche in Kassel-Rothenditmold und in Berlin-Neukölln. Bis Oktober 2014 wurde das Projekt über das ESF-

Bundesprogramm BIWAQ finanziert. In Berlin konnte die Werkschule in ein Regelangebot für rund 60 schwer schuldistanzierte Neuköllner Schüler überführt werden.

- Im Herbst 2013 wird mit dem Bau des „Hauses der Mitte“ als Erweiterung des Heilhauses begonnen, in dem unter anderem das erste Mehrgenerationenhospiz Deutschlands unter der Schirmherrschaft von Bundesministerin Ursula von der Leyen entsteht. Offizielle Eröffnung ist am 20. März 2016.

# Über die Autorin

Barbara Kress, 1961 in Stuttgart geboren, lernt Ursa Paul im Alter von 32 Jahren kennen. Drei Jahre später zieht sie mit ihrer Familie nach Kassel, um im Heilhaus mitzuwirken. Das Heilhaus ist für sie der Ort, um auf die Suche nach sich selbst zu gehen und Gemeinschaft zu leben. Dort erfährt sie in vielfacher Form, was es heißt, sich aufrichtig den grundlegenden Fragen unseres Seins zu stellen. Immer wieder zeigt sich dann in dunklen Schatten auch das Licht, im tiefen Schmerz auch das Glück. Und dass sich die Begegnung mit anderen Menschen durch Intimität und Liebe auszeichnet, wenn wir diese Qualitäten miteinander teilen. In diesem Sinn ist das Buch ein Teilen mit der Welt und ihr Dank für die eigenen heilsamen Erfahrungen, die sie im Heilhaus gemacht hat.

Die Volkswirtin und Journalistin arbeitete zunächst bei den Wirtschaftsmagazinen Forbes und DM und ist seit 1992 selbstständig tätig. Im Heilhaus engagiert sie sich ehrenamtlich, unter anderem im Vorstand des Trägervereins „Freundeskreis für Lebensenergie e.V.“.

# Über die Fotografin

Sabine Große, 1960 in Stuttgart geboren, lebt seit Anfang der 1990er-Jahre in Kassel. Sie studierte freie Kunst an der Kunsthochschule in Kassel und arbeitet und lebt dort als freischaffende Künstlerin, Fotografin und Grafikerin. In ihrer künstlerischen Arbeit widmet sie sich der Erforschung von Orten, Räumen und Zeit. Die Auseinandersetzung mit dem Alltäglichen – das Besondere, Spuren des Unsichtbaren im Sichtbaren zu entdecken – begleitet ihre Arbeit.
Sie ist seit Gründung des Heilhauses 1990 in der Heilhaus-Bewegung engagiert und ihr verbunden. Sie ist Schülerin von Ursa Paul und Mitglied im Netzwerk der HEILHAUS-STIFTUNG URSA PAUL.

# Danksagung

Von Herzen danke ich den Menschen, die in diesem Buch zu Wort kommen und die mir ihr Vertrauen und ihre Geschichte geschenkt haben. Die vielen intensiven Gespräche haben mich tief berührt.
Herzlichen Dank an meine Lektorin Annina Bauder für ihre kompetente, einfühlsame und begeisterte Unterstützung.
Danken möchte ich Karin Hippeli, Jutta und Chris von Westernhagen, Viviane Clauss und Sabine Falk für den inspirierenden Austausch.
Danke Andrea Lienhart für professionelle Tipps und beharrliches Nachfragen.
Danke Christa Diegelmann für die Möglichkeit, an diesem herrlichen Platz zu schreiben.
Meinen Männern Carsten, David und Lukas – danke für alles.
An letzter und an erster Stelle mein tiefer Dank an Ursa Paul für ihre Liebe und Weisheit.